BONJOUR TENDRESSE!

**Amour, harmonie, épanouissement
dans le couple**

Raoul Bécart-Bandelow

BONJOUR
TENDRESSE!

**Amour, harmonie, épanouissement
dans le couple**

Édition
Les Éditions de Mortagne
250, boul. Industriel, bureau 100
Boucherville (Québec)
J4B 2X4

Distribution
Tél.: (514) 641-2387
Téléc.: (514) 655-6092

Modèles
Marie-Claire et Joël

Dépôt légal
Bibliothèque nationale du Canada
Bibliothèque nationale du Québec
1er trimestre 1993

ISBN: 2-89074-440-X

1 2 3 4 5 -93 - 97 96 95 94 93

Imprimé au Canada

Pour Ulla, ce livre.
Avec ma tendresse.

Sommaire

PROLOGUE

La tendresse est la nourriture de base du couple. Elle crée le couple et l'entretient. Elle permet sa survie, en le protégeant lors de situations épineuses et plus difficiles.

La tendresse assure une bonne relation dans le couple, lors des heurts et des inévitables soubresauts de la vie à deux.

La tendresse, bien sûr, est aussi la meilleure récompense du couple.

Elle représente le chemin quotidien de l'amour et symbolise son aboutissement. Malheureusement, une foule d'obstacles menacent sa survie.

Le plus difficile à concevoir et à contourner est que la tendresse, pour s'épanouir et se développer, doit se nourrir de tendresse, comme l'amaryllis rutilante doit se nourrir de son propre bulbe pour fleurir. Préexistence. Semence nécessaire. Sa germination féconde et donneuse de vie au couple a besoin d'une protection de tous les instants... Comme elle était au commencement, elle peut et doit être de tous les instants. Être à jamais. C'est la fleur à la fois fragile et robuste de l'amour.

Quels sont les autres obstacles dont il lui faut venir à bout? Les recenser avec lucidité et les analyser pour les vaincre, c'est en partie le propos du présent ouvrage.

L'autre partie présente, avec une érotique du tendre — le massage de communication-tendresse —, les moyens de programmer la régénération, l'entretien, l'épanouissement de cette tendresse et donc, la survie de l'amour.

Que chaque partenaire soit l'inventeur de ses jours. Avec cette partition que je lui confie, que chaque couple déploie ses arpèges de tendresse... Le Nouvel Âge voit son aube se lever... Ses matins seront tendres.

INTRODUCTION

Lorsqu'on demandait à Confucius ce qu'il ferait s'il était empereur de Chine, il répondait: «Je commencerais par faire un dictionnaire.»

S'entendre sur le sens des termes est élémentaire dans toute communication. À quelle notion de tendresse fait appel le titre du présent ouvrage: *«Bonjour tendresse»*?

En relation avec la strokethérapie, dont quelques paramètres ont été définis dans le livre intitulé *Le Corps et la caresse*[1], la tendresse aura ici une dimension holistique, totale, psychocharnelle: il s'agit d'une union indissociable et d'une interaction continue du corps et de l'esprit. La tendresse, telle que nous la comprenons, n'est pas exclusivement faite d'affectivité. Gide pouvait peut-être sincèrement affirmer qu'il avait de la tendresse pour sa femme, bien qu'il s'en désintéressât sur le plan charnel. D'autres peuvent très bien prétendre se contenter d'une pure relation charnelle, dépourvue de sentiments. Pour moi, ce type de relation ne représente pas la tendresse dans toute son acception.

---

1. BÉCARD, Raoul. *Le corps et la caresse*, Paris, Édition Gréco-Le Hameau, 1989, 256 pages.

La tendresse, c'est l'affectivité de l'âme, certes, mais avec toutes ses harmoniques. Elle a un retentissement sur tout le corps. Les gestes, les caresses alimentent aussi l'affectivité et les mouvements de l'âme. La tendresse concerne donc toute la personne: corps et esprit.

Trois piliers soutiennent cette tendresse et la rendent possible: la proximité du corps et de l'esprit; le souci de l'autre, matériel et moral; un accord sur les valeurs de base. Sur ce tripode, elle peut fleurir.

Il s'agit d'une manifestation typiquement relationnelle, communautaire. Elle a besoin de la durée pour s'épanouir. La situation privilégiée de son développement sera le couple. Elle s'y confondra avec la caresse dans sa double acception de geste physique et de signe de reconnaissance, que nous appellerons souvent *stroke*, du mot américain quasiment intraduisible.

En analyse transactionnelle, on appelle *stroke* cette double acception de la caresse: il s'agit de la soif existentielle, instinctive d'être touché et «reconnu». Elle peut être apaisée par des *strokes*, ou caresses, c'est-à-dire tout acte incluant la reconnaissance de la présence de l'autre, soit sous la forme d'un toucher physique effectif, soit sous une forme symbolique de reconnaissance: un regard, un mot, un geste ou toute autre manière d'exprimer «je sais que tu existes».

Pour la strokethérapie, le couple est la cellule idéale qui permet la régénération des *strokes*, leur permanence dans le quotidien et, s'ils ont manqué dans la prime enfance, l'occasion de combler ce vide. C'est également, dans l'état dans lequel se trouve la culture occidentale, le lieu où, par l'entremêlement corps-esprit, la caresse physique, affective et spirituelle peut être la plus complète.

Les préciosités de mademoiselle de Scudéry et de son frère, qui ont élaboré une carte du tendre, ont au moins eu le mérite de montrer que son accès n'est pas sans peine ni son parcours sans périls.

Les principales difficultés qui nuisent à l'épanouissement de la tendresse sont de deux ordres:

— *Il y a d'abord des obstacles d'ordre culturel.* Toute l'histoire de l'Occident conditionne les modalités relationnelles, que chacun de nous vit au jour le jour, et qui provoquent des blocages. Cette culture occidentale a préparé le terrain. Les mécanismes qui rendront possible la maturation des relations dans le couple y sont présents. Celui-ci peut s'acheminer vers l'indépendance dans l'interdépendance, mais le climat culturel oblige les gens à prendre l'initiative de faire eux-mêmes le pas vers l'autonomie.

— *Il y a ensuite des obstacles d'ordre psychologique.* En effet, il existe un certain nombre de blocages relationnels, structuraux, que nous analyserons en eux-mêmes. Le phénomène du temps compte également parmi ces barrières. Dans toute relation, particulièrement dans une relation de couple, *il faut laisser du temps au temps*, mais aussi résister à l'érosion de la tendresse dont l'écoulement du temps nous menace.

En fait, chaque couple revit un peu à la fois l'histoire du monde et le processus de maturation du petit enfant; processus que la société occidentale a vécu elle aussi analogiquement et qu'elle transmet comme des messages mettant «en condition».

Quels sont les moyens à utiliser pour favoriser l'expression de la tendresse?

La tendresse rencontre de nombreux obstacles, mais elle bénéficie aussi de moyens. Elle se nourrit de sa propre substance. Parmi ses nombreuses manifestations, nous en avons retenu une. Pour la rendre concrète et vivante, pour l'activer efficacement, les partenaires d'un couple peuvent s'accorder une érotique du tendre, qui leur est permise. Le massage-tendresse servira d'illustration à cette manifestation de communication-tendresse pour deux partenaires qui s'aiment.

Afin de développer les préalables à la tendresse, nous nous inspirerons de quelques concepts de base de l'analyse transactionnelle et de la gestalt, et ce, tant lorsque nous parlerons des obstacles culturels et relationnels que lorsque nous aborderons l'illustration de la tendresse par le massage. Nous expliciterons ces concepts au fur et à mesure afin de les rendre familiers au lecteur.

Notre cheminement sera donc le suivant: chercher les clés qui nous feront comprendre le façonnement du couple. La première clé constituera les bases sur lesquelles doit s'appuyer l'intimité. La seconde représentera le processus de développement de la personnalité humaine au cours de la prime enfance; lequel servira de modèle. Il a laissé sa trace, dans les relations du couple, lors de l'évolution de la société occidentale et continue à s'imposer aux adultes construisant une vie de couple.

Nous verrons ensuite, en chemin, que la tendresse rencontre de nombreux obstacles. Ceux, entre autres, que la culture occidentale nous a laissés en héritage et qui, encore aujourd'hui, marquent de leur empreinte tous les couples; les barrières psychologiques structurales; tous les blocages relationnels; et enfin, l'évolution des positions psychologiques des partenaires, dès lors qu'ils sont engagés dans une relation de durée.

Pour être concret, nous proposerons, comme moyen à utiliser pour favoriser l'expression de la tendresse, une érotique du tendre, sous la forme particulière d'un massage de communication-tendresse, assez intime pour être réservé aux couples.

Afin de rendre ce massage proche de la vie et de l'énergie cosmique — car la vie est un tout — nous insisterons sur la respiration, source de captation de l'énergie qui alimente la relation, y compris dans ses manifestations érotiques. Nous appuierons aussi sur la conscience de soi, si essentielle..., sans oublier les conseils pratiques.

Partie I

DEUX CLÉS POUR LA TENDRESSE

Chapitre I

LES PILIERS DE LA TENDRESSE

La tendresse ne peut s'enraciner que dans l'intimité, cet ensemble de relations réciproques et concomitantes, de deux personnes qui se sentent proches, préoccupées l'une de l'autre et en accord minimal sur les valeurs de base: proximité, préoccupation réciproque et accord sur les valeurs de base doivent donc être pris en considération pour favoriser l'épanouissement de la tendresse dans un couple.

La proximité suppose un dialogue entre les Enfants qui vivent en chacun de nous, tels que les conçoit l'analyse transactionnelle. Rappelons ici quelques idées de base de l'analyse transactionnelle. Celle-ci définit ainsi la structure de la personnalité; chacun possède trois états du moi, sources individuelles et distinctes de comportement: l'état du moi Parent, l'état du moi Adulte et l'état du moi Enfant.

L'état du Moi Parent se compose des attitudes et des comportements provenant de sources externes. Il vient principalement des parents. Il conduit généralement, vis-à-vis des autres, à des préjugés, à des comportements critiques ou protecteurs. Dans le for intérieur, il guide la conscience et l'action au moyen d'anciens messages parentaux conservant leur actualité et continuant à influencer l'Enfant Intérieur.

L'état du Moi Adulte n'a rien à voir avec l'âge. Il s'intéresse à la réalité présente, à l'accumulation objective des faits et des données. Organisé, souple, intelligent, son mode de fonctionnement va consister à analyser la réalité, à envisager les probabilités, à traiter les faits et les données sans parti pris.

L'état du Moi Enfant contient toutes les pulsions qui viennent spontanément au petit enfant. Il a intégré également l'enregistrement d'expériences vécues par l'enfant très jeune, de ses réactions d'alors et de «positions» qu'il a adoptées envers lui-même et les autres. Il se manifeste sous forme de comportements anciens issus de l'enfance.

La préoccupation de l'autre suppose donc que le Parent de l'un des conjoints ait le souci de l'autre et vice versa.

Enfin, l'accord sur quelques-unes des valeurs de base suppose une certaine harmonie entre les Parents de l'un et l'autre partenaires. En effet, la proximité de l'autre et l'intérêt qu'on lui porte sont les constituants fondamentaux de la relation affective. Mais, lorsqu'on veut que cette relation dure, il faut y ajouter un accord minimal sur les valeurs. Nous plaçant ici dans l'optique d'une relation de couple dépassant le stade symbiotique et fusionnel des départs, celui des lunes de miel, cet engagement des Parents Intérieurs des partenaires paraît nécessaire.

LA PRÉOCCUPATION DE L'AUTRE

Dès qu'un élan nous porte vers quelqu'un d'autre, sous peine qu'il soit éphémère, il a besoin, au-delà de la rencontre qui peut être fortuite, d'être consolidé de façon durable.

Si les Enfants des partenaires ont pu se séduire de façon intuitive et rapide, la consolidation sera donc l'œuvre du Parent

Intérieur qui prendra le relais et se penchera vers l'Enfant de l'autre. Ce Parent manifestera son acceptation inconditionnelle de l'autre en lui montrant de façon active, si ce n'est par des mots, qu'il est OK pour lui, quel qu'il soit. «Tel que tu es, sans condition, je t'accepte et je m'intéresse à toi, sans me préoccuper de ton passé. Tu es là, présent devant moi, tu existes, et pour moi, tu es la personne importante.»

Nous retrouvons à nouveau quelques notions de l'analyse transactionnelle essentielles à toute relation. En effet, lorsqu'ils ont fixé les positions les concernant et qu'ils se sont positionnés vis-à-vis des autres, les êtres humains peuvent décider: «Je suis OK» ou «Je ne suis pas OK» et «Vous êtes OK» ou «Vous n'êtes pas OK».

La première position: Je suis OK, vous êtes OK

C'est potentiellement une position de bonne santé mentale. Pour peu qu'elles aient les pieds sur terre, les personnes ayant cette attitude envers elles-mêmes et les autres sont à même de régler leurs difficultés existentielles de façon constructive. Leur regard sur la vie est généralement positif. Elles acceptent que les autres aient leur place, leur importance et leurs valeurs.

La deuxième position: Je suis OK, vous n'êtes pas OK

C'est la position des êtres se sentant victimes ou persécutés et faisant souffrir les autres ou les persécutants. Ils reprochent à ceux-ci leurs tares ou leurs difficultés. Souvent, délinquants et criminels adoptent cette position. Leur comportement paranoïaque peut les entraîner parfois jusqu'à supprimer autrui.

La troisième position est une position d'introjection: Je ne suis pas OK, vous êtes OK

Elle est très fréquente chez ceux qui ont un complexe d'infériorité. Elle les incite à se replier sur eux-mêmes, à tendre vers la dépression et, dans les cas sérieux, à entretenir des idées de suicide.

La quatrième position est une position de renoncement:
Je ne suis pas OK, vous n'êtes pas OK

Elle concerne tous ceux qui ont perdu le goût de vivre et qui manifestent un comportement schizoïde. Dans les cas graves, elle les mène au suicide ou au crime.

Les êtres humains qui se trouvent dans la première position se disent: «La vie vaut la peine d'être vécue.» Ceux qui correspondent plutôt à la deuxième position pensent: «Votre vie ne vaut pas grand-chose.» En ce qui concerne les personnes se trouvant dans la troisième position, elles déclarent: «Ma vie ne vaut rien.» Enfin, les gens qui ont adopté la quatrième position se disent : «La vie ne vaut absolument pas la peine d'être vécue.»

Ainsi donc, lorsqu'on manifeste à l'autre qu'il est OK, on lui prodigue un *stroke*, une caresse spirituelle. Elle n'est pas mercantile. «Je ne te donne pas mon être pour obtenir quelque chose. Je ne fais pas de troc. L'échange pourra naître plus tard, mais mon geste premier n'est pas calculateur. Bien sûr, je recevrai de toi avec plaisir un comportement analogue: ce sera ma façon de t'accueillir comme tu es. Et, par le souci que tu auras de moi, je saurai aussi te reconnaître.» Le fait de se préoccuper ainsi l'un de l'autre consolide le «tilt» qui a donné naissance à la relation.

Cette préoccupation de l'autre représente une grande liberté d'expression et la fantaisie d'un chacun peut alimenter ses manifestations dans la vie quotidienne. Que ce soit dans la linéarité des jours qui se suivent ou dans les soubresauts des heurts et des crises que peuvent vivre les partenaires d'un couple, cette attention à l'autre se manifestera dans les détails comme dans les choses de plus grande importance.

Nous verrons, dans les chapitres qui suivront, que le partage des responsabilités et des fonctions fait partie des éléments importants de ce souci de l'autre, et qu'il n'est pas motivé uniquement par le devoir, mais aussi par l'amour réciproque

— ou l'estime lorsqu'il s'agit d'amis —, par le respect de l'un pour l'autre.

Si l'un des deux partenaires, pour une raison quelconque (qu'elle soit évidente ou non), s'est mis en position de repli, l'autre peut lui rappeler avec délicatesse qu'il est là s'il a besoin de lui. Ainsi se manifestera sa tendresse.

Demander au partenaire de participer à ses activités, même si on peut s'en tirer facilement seul, c'est lui montrer qu'on se préoccupe de lui. Ce geste représente aussi une forme de tendresse.

Il n'est pas nécessaire qu'il y ait fête pour offrir des fleurs, pour ouvrir une bouteille de champagne, pour préparer un petit repas festif, pour proposer un massage. Il n'est pas nécessaire non plus d'être sous le coup d'une émotion pour passer sa main dans les cheveux de l'autre ou lui caresser la joue d'un revers de la main... La tendresse peut en permanence souligner l'intérêt qu'on porte à l'autre.

LA PROXIMITÉ

Cette proximité a obligatoirement existé à un moment donné pour qu'il y ait relation. Dès cet instant, la rencontre des Enfants Intérieurs de chacun des partenaires s'est produite. Mais cette proximité a besoin de se régénérer sans cesse pour que la relation soit durable.

La proximité est à la base de toute communication et de tout échange véritable de sentiments entre deux êtres. Ces sentiments doivent absolument être exprimés de façon précise pour que les deux membres du couple puissent apprécier leur réalité, leur densité, de même que leur profondeur. La tendresse doit prendre «chair» pour habiter parmi nous.

Comme dans tout phénomène d'émission et de réception, si l'on veut que le message parvienne réellement et ne s'épuise pas dans l'incertitude de l'accueil qui lui est fait, il est nécessaire de montrer qu'on le reçoit cinq sur cinq. Il faut toujours envoyer un accusé de réception. On se sent beaucoup plus proche de l'autre quand il manifeste clairement qu'il a conscience des sentiments qu'on lui témoigne.

Un couple où les partenaires sont proches l'un de l'autre prend du plaisir à partager une activité, un travail, des jeux, ainsi que les difficultés et les conflits de l'autre.

Je suis là pour toi veut dire, certes, «je t'écoute, je me réjouis de ce que tu es et de ton unicité», mais c'est en même temps dire clairement «voilà ce que je suis, voilà ce que je ressens.»

Deux personnes se sentent proches l'une de l'autre lorsqu'elles jouent ensemble, lorsqu'elles témoignent leur tendresse et leur affection. Mais lorsqu'elles expriment ce qu'elles ressentent, elles ne créent pas toujours une proximité facile.

En effet, les sentiments qu'on peut échanger ne sont pas toujours agréables: se mettre en colère contre son partenaire, lui dire qu'il nous a rendu triste, qu'il nous a déçu est une manière d'être proche qui est quelquefois difficile à vivre. Votre partenaire peut, par exemple, vous reprocher de le culpabiliser mais ce disant, il peut en fait, vouloir vous culpabiliser... C'est un risque. Au contraire, s'il accepte votre déception, votre colère et votre tristesse, il se rapproche de vous, et cette proximité permet aux conflits de se diluer et de disparaître.

L'ACCORD MINIMAL SUR LES VALEURS DE BASE

Il doit y avoir une certaine similitude de points de vue sur les valeurs essentielles et sur la hiérarchie de ces valeurs dans la culture personnelle des deux partenaires, c'est-à-dire dans leur Parent Intérieur: «Ce qui est essentiel pour toi l'est aussi pour moi. Plus c'est important pour toi, plus c'est important aussi pour moi. De ton côté, c'est la même chose.»

À partir de ces bases, une multitude de variantes peuvent venir se greffer. Les modalités qui entoureront les valeurs de base ne seront pas suffisamment importantes pour déstructurer la relation. Il est donc primordial d'avoir une vision convergente sur l'occupation du temps, le travail, l'intimité, la sexualité, les biens matériels, le temps libre de chacun, les enfants, l'éducation et les amis.

Il ne faut pas confondre ici valeurs et goûts personnels. Les valeurs représentent l'héritage qu'on reçoit de la culture dans laquelle on vit; culture qui se transmet de génération en génération. Les goûts de chacun émanent non du Parent Intérieur, comme en ce qui a trait aux valeurs, mais de la fantaisie de l'Enfant Intérieur. Celui-ci se saisit de la valeur comme d'un matériau pour lui donner une expression originale, pour la proclamer de façon personnelle en «croyance», qu'il habille de sa fantaisie.

À titre d'exemple, une valeur pourra être: «Il faut savoir se reposer de temps à autre et ne pas toujours travailler.» Cette valeur ou croyance est véhiculée par la culture des parents et s'intègre au Parent Intérieur comme un dépôt qu'on pourra éventuellement transmettre.

L'Enfant en chacun de nous a élaboré les modalités du repos qui sont les plus stimulantes pour lui, qui lui apportent le plus de plaisir, qui le régénèrent. Son repos aura une tonalité et une couleur. Des goûts et des couleurs, on ne discute pas, et il sera très facile d'admettre qu'un chacun puisse avoir sa propre façon de se reposer et d'accepter les variantes survenant dans le couple.

Cependant, il sera plus difficile de se situer dans l'intimité et de faire vivre une forme de tendresse réelle si les valeurs sont tout à fait opposées. Si l'un dit «le repos ne doit pas exister, il faut travailler sans cesse» et que l'autre affirme «travailler est inutile, le repos est primordial», la rencontre sera plus ardue.

Il est beaucoup plus facile de changer sa façon de se reposer que de changer la valeur qu'on attribue au repos, dans sa morale personnelle et dans sa manière de vivre.

CONCLUSION

Les trois éléments que nous venons de décrire, proximité, préoccupation de l'autre, accord minimal sur les valeurs de base symbolisent le substrat de l'intimité, mais l'intimité elle-même est difficile à décrire, c'est une alchimie subtile.

L'intimité peut être plus ou moins réelle et avoir des degrés variables d'intensité.

La participation de chacun des éléments dont nous sommes constitués: l'Enfant Spontané, l'Adulte et le Parent peuvent faire varier cette intensité de l'intimité.

L'Enfant Spontané, dans le Moi Enfant, représente le petit enfant, très jeune, impulsif, que caractérisent l'indiscipline et l'expressivité. Il subsiste encore en chaque personne. Il fait penser à un bébé qui aime le plaisir et dont la réaction est l'affection tendre une fois ses besoins satisfaits, ou la révolte colérique s'ils ne le sont pas. On l'appelle également l'Enfant Libre.

L'Enfant Spontané doit donc pouvoir agir, se manifester. L'Adulte doit prendre conscience de cette recherche du contact, et le Parent doit donner son autorisation à la manifestation de proximité. On voit donc que les états du Moi, Enfant, Adulte et Parent, interviennent pour nuancer l'intimité.

Quand l'Enfant Spontané s'exprime et dit: «Je t'aime», l'Adulte signale qu'il est conscient de cet élan vers l'autre tandis que le Parent apporte son encouragement en disant: «Bravo!» L'un apporte sa lucidité comme un complément important et l'autre vient communiquer la règle du jeu en disant: «Quand on aime, il faut d'abord faire ceci, ensuite cela.»

Dans ce contexte, la tendresse peut s'épanouir. Il restera pourtant toute une série d'obstacles à vaincre et il faudra encore toute la lucidité de l'Adulte pour bien les répertorier. Le présent ouvrage se propose d'aider l'Adulte. La deuxième partie, en particulier, décrivant les obstacles culturels et psychologiques, tentera d'apporter à l'Adulte l'éclairage lui permettant d'éviter les embûches. L'Enfant Libre pourra alors, avec la permission du Parent ayant approuvé les règles permettant de passer au travers des écueils, vivre sa spontanéité dans «l'ici et le maintenant.» Sans complexes. Grâce, par exemple, aux techniques que l'Adulte aura enregistrées pour accomplir un massage intime, avec toute la fraîcheur de sa tendresse d'Enfant. C'est pourquoi nous proposerons ces techniques comme un moyen privilégié d'encourager et de favoriser l'épanouissement de la tendresse.

* * *

Soulignons aussi que les différents degrés d'intimité vont se caractériser par la durée et la densité de l'élément émotionnel.

Il est vraisemblable que nous n'accéderons jamais, ou rarement, au degré maximal qui puisse exister et qui se trouve presque aux confins de l'union mystique.

Le niveau seuil de l'intimité est assez faible. Y accèdent, par exemple, des hommes et des femmes qui se connaissent très peu, qui se rencontrent pour la première fois et prennent ensemble du plaisir au cours d'une activité ludique, comme une bonne partie de tennis. Ce match les rapproche, même si leur combativité s'y exerce. Leurs regards se croisent, ils se sourient, et, après le jeu, les échanges sont pleins de chaleur. Autre exemple: vous allez à la Fête des Loges ou à la Ronde, ou encore à Disneyland. Vous montez dans ces manèges à haut risque où les frayeurs sont organisées. Vous êtes avec un ami et, à un moment donné, vous communiez dans une même émotion de frayeur, comme le jeu le veut. Vous vous serrez l'un contre l'autre pour conjurer cette peur: l'instant commun d'émotion partagée rapproche et crée l'intimité, ébauche une tendresse.

Ce premier degré d'intimité peut être la porte d'accès à d'autres plus intenses, réservés à des personnes dont la relation a déjà subi l'épreuve du temps. Dans cette situation, l'engagement émotionnel est plus dense, plus actif, plus important et une rupture entre les partenaires d'une telle liaison perturbe beaucoup plus. Le décès d'une personne avec laquelle vous aviez des relations du premier type décrit vous affectera moins que s'il s'agissait de votre conjoint ou de toute autre personne avec laquelle vous aviez des relations du deuxième type.

Cette intimité plus profonde se manifeste généralement dans les couples qui témoignent leur affection et leur préoccupation réciproques ou dans les amitiés qui, après un éloignement et une longue séparation, vivent des retrouvailles.

Après avoir franchi ces deux degrés d'intimité, les partenaires allant plus avant vers l'approfondissement peuvent, dans certaines situations exceptionnelles, accéder à une intimité encore plus dense. Cette intimité ne peut exister qu'à des moments privilégiés d'une fusion telle que la perception des sens s'en trouve comme transfigurée. Les deux partenaires vivent alors dans un champ commun où les auras semblent interférer, où une expérience suprasensorielle semble se développer. Chacun se perçoit comme étant à la fois distinct et absorbé par l'autre. L'accès à ces rares moments d'extase commune suppose, de la part des partenaires, la mise en place d'une situation favorable et des moyens nécessaires pour la rendre possible: y convergent une proximité voulue, une attention délibérée à l'autre, une communion sur l'essentiel des valeurs qui dirigent notre vie à cet instant «t» de l'existence.

Sur ce substrat, riche comme un humus fécond, peuvent naître, aussi belles que les orchidées, les fleurs délicates de la tendresse, réalité psychocharnelle, multiforme, fleuron des sentiments humains.

Chapitre II

UN MODÈLE:
LA RELATION MÈRE-ENFANT

Dans le déroulement chronologique de leur mise en place, que ce soit au cours de l'histoire ou dans la construction du couple, les relations entre les hommes et les femmes semblent avoir pris pour modèle le développement psychologique de l'enfant.

Nous utiliserons donc comme grille de lecture le processus d'élaboration de la relation mère-enfant, au cours des premières années de l'existence.

Ce modèle nous aidera à comprendre les différentes phases du cheminement des valeurs culturelles du couple en Occident, car ces valeurs interviendront pour ou contre l'émergence de la tendresse dans le couple contemporain. Il nous aidera surtout à analyser le processus d'évolution, à travers le temps, des rapports entre les partenaires d'un couple, processus au cours duquel se créera ou se détruira le climat favorable à la tendresse.

Que nous disent les psychologues au sujet du processus de développement de l'enfant au cours des trois premières années de sa vie[1]? Ils nous décrivent les phases du processus de maturation. Nous les prendrons comme points de repère.

Reprenons brièvement chacune de ces étapes.

LE PROCESSUS DE DÉVELOPPEMENT DE L'ENFANT

La période autiste

Pendant cette période, qui s'étale de la naissance jusqu'à l'âge de deux mois environ, l'enfant, de façon essentielle, vit au rythme de ses mécanismes internes. Pas de différence entre son monde corporel et l'environnement dans lequel il baigne. Il est immergé dans le monde. Il est le monde. Sa mère fait partie de lui-même. Pas de toi et de moi. Sa réactivité est conditionnée par ses besoins physiques, par des appels intérieurs essentiellement physiologiques.

La période symbiotique

Cette période d'étend de trois mois à six mois. Vers deux mois se dessine une polarisation symbiotique. À travers le flou et la confusion psychique qui se prolonge et vient de l'état autiste, le bébé prend conscience de la nécessité, vitale pour lui, d'englober, dans un espace commun, son Moi et sa mère. L'un et l'autre indistincts, sa mère étant l'entité essentielle qui satisfait ses besoins. Il ne peut pas s'imaginer sans attaches avec elle. C'est l'étape fusionnelle par excellence.

Il est important, pour que cette étape soit pleinement fructueuse, et avant tout pour ne pas mettre en place des mécanismes d'abandon, que la mère soit véritablement «nourricière» par sa présence, par son contact physique, par sa disponibilité. C'est le temps du maternage. Si, pour une raison quelconque, cette période manque à l'enfant, la frustration

---

1. Nous nous basons ici sur les travaux de Mahler et Kaplan.

s'installera pour toute la vie, à moins que n'intervienne une régression constructive et réparatrice, sous forme, par exemple, d'une caresse-thérapie, ou strokethérapie.

Par la suite, une phase de séparation-individuation s'installera et aboutira à l'émergence psychologique de l'enfant. Ce stade de développement se déroulera en quatre étapes.

La période de différenciation

Vers l'âge de six mois s'amorce la phase de séparation-individuation, qui commence par un stade de différenciation. Cette phase durera environ trois mois, soit jusqu'à l'âge de neuf mois.

L'enfant découvre qu'il y a autre chose au-delà de son corps, car il expérimente, physiquement, qu'il peut aller jusqu'au bout de lui-même. Ses mains jouent entre elles. Ses doigts palpent ses pieds. Il touche ses bras, ses jambes, les mains et les bras de sa mère. Il éloigne la frontière commune entre elle et lui, prend un peu de recul et lance des regards affranchis qui se risquent à explorer le monde qui environne cette mère. C'est la période pendant laquelle s'élabore en lui un premier schéma de son corps, fruste, mais établissant une frontière entre le monde et lui.

La période d'expérimentation

Vers l'âge de dix mois, la phase de séparation-individuation se poursuit par un stade d'expérimentation, qui s'étalera jusqu'à l'âge de seize ou dix-huit mois. Cette période correspond au moment où, de la marche à quatre pattes à la position debout, l'enfant apprend à se déplacer et à marcher. Il devient le petit explorateur à la découverte du monde. C'est la grande passion pour la découverte où, seul et bien individué, l'enfant prend des risques. Il est fasciné par cette émancipation et par la distance qu'il prend par rapport à sa symbiose.

Celle-ci demeure pourtant sa sécurité et il y revient.

La période de rapprochement

L'étape qui suit celle de la séparation-individuation est une étape critique, car c'est à partir de seize à dix-huit mois que le «scénario de vie» et les décisions qui y sont liées s'installent. Cette phase pourra s'étendre jusqu'à trente-cinq mois.

Le scénario psychologique est la programmation vitale qui s'impose à une personne. Elle énonce le but de son existence et lui montre le chemin qui l'y conduira. Cette contrainte s'exerce souvent inconsciemment.

Ce processus se déclenche à la naissance. Les instructions du synopsis sont programmées dans l'état du Moi Enfant par les transactions qui s'exercent entre responsables parentaux et enfants. En grandissant, les enfants apprennent à jouer des personnages: héros, traître, victime, sauveur. Inconsciemment, ils cherchent des partenaires pour tenir les rôles complémentaires. C'est la théorie des «jeux» d'Éric Berne.

Une fois adultes, les êtres humains jouent leurs scénarios dans leur contexte de vie; contexte qui, lui aussi, a ses propres schémas dramatiques. Le monde représente donc une scène où chacun suit un scénario. Il en est de même pour les familles, les nations et les cultures. La vie de chacun est un drame original qui comprend des éléments appartenant aux scénarios familiaux et culturels. Ces scénarios interagissent les uns avec les autres et influencent la trame de nos vies.

Scénario et décision de vie dépendront essentiellement du comportement de la mère au moment décisif de la séparation-individuation. En effet, l'évasion-expérimentation de l'étape précédente se double maintenant d'un besoin de rapprochement avec la mère sans que l'enfant abandonne pour autant l'exploration du vaste monde. Plus les mirages et les tentations de l'extérieur le fascinent, plus il éprouve la nécessité à la fois d'approfondir ses découvertes et de revenir au port... Le port est représenté ici par la mère, qu'il souhaite affectivement disponible, chaque fois qu'il en a besoin.

Mais ce besoin, c'est lui qui le ressent. Dans ce va-et-vient entre le monde et la mère, il souhaite rester le décisionnaire de ses retours. L'autonomie qu'il a vécue les mois précédents est toujours aussi primordiale pour lui, mais il entend la vivre avec souplesse, équilibrant ainsi son attrait pour le monde et son besoin de la mère.

En fonction de la disponibilité et de l'accueil de celle-ci, l'enfant peut sentir que l'indépendance tant recherchée est condamnée. Alors, une association immédiate se fait dans son esprit: «Sois autonome et tu seras abandonné.»

La période de constance émotionnelle

Si, par contre, ce va-et-vient entre le monde et la mère, durant cette phase de développement, est bien accepté de la mère, c'est-à-dire en souplesse et sans drame, l'enfant accédera alors à une stabilité émotionnelle qui sera constitutive de son équilibre futur. Cette stabilité ne peut s'appuyer que sur la conviction intime pour l'enfant qu'il est bien «lui-même», et personne d'autre. Si cette conviction s'installe, l'enfant est en sécurité avec lui-même et rassuré sur son individualité. Il accepte celle des autres.

Il n'est pas perturbé et continue à aimer les gens de son entourage lorsqu'ils vivent leur période de troubles; période pendant laquelle ils ne sont plus capables de l'aimer. Quoi qu'il se passe, il maintient sa confiance en l'autre. La stabilité émotionnelle se nourrit de faits et de réalisme. Elle n'utilise ni les projections ni la lecture de la pensée de l'autre, avec les interprétations qui en découlent, comme cela se produit lorsque s'élabore un complexe d'abandon.

Cette dernière étape de la période de séparation-individuation, si elle est bien franchie, est déterminante.

Chacune des étapes qui ont précédé porte en germe un potentiel, à la fois d'amour et de repli, de sérénité et de peur, de confiance et de méfiance, d'enthousiasme et de désespoir, ingrédients qui favorisent ou, au contraire, répriment l'éclosion de la tendresse.

* * *

33

CONCLUSION

La structure évolutive que nous venons de décrire se retrouve, en filigrane, dans les blocages relationnels, comme dans le processus d'évolution de l'amour au sein du couple, mais également dans les phases successives de la culture occidentale, au sein des rapports hommes-femmes.

C'est ce modèle de croissance du début de la vie qui nous semble imprimer sa dynamique propre au processus d'élaboration de toute relation profonde, non aliénante. Chaque étape franchie a besoin de la protection de la tendresse. En même temps, la réussite du parcours conditionne l'émergence optimale, les nuances et la qualité de la tendresse.

Rappelons-nous qu'à la base du corps-esprit et agissant comme tremplin, il y a le corps. Ce dernier a besoin de sa nourriture essentielle, la caresse, cette forme primordiale de tendresse créative qui emblave de spiritualité la personnalité tout entière.

Partie II

LES OBSTACLES À LA TENDRESSE

Chapitre I

UN LOURD HÉRITAGE:
LA CULTURE OCCIDENTALE

Nous avons vu que, pour accéder de façon équilibrée à l'autonomie sans faire fi de la nécessaire socialisation, l'enfant doit franchir plusieurs étapes bien précises dans ses relations avec sa mère.

Un processus analogue semble s'imposer dans les relations entre les hommes et les femmes. En Occident, chaque étape de l'histoire de ces relations semble le reflet du processus et des stades du développement de la relation mère-enfant. Nous verrons plus loin qu'il en est de même dans le couple. Il semble y avoir, dans la culture occidentale, une loi régissant l'établissement des relations duelles et leur évolution, de même que la relation première mère-enfant. Cette loi a marqué de son influence la constitution du couple et son comportement.

Dans le présent chapitre, il sera donc question de l'évolution des relations entre hommes et femmes dans la culture occidentale. Sa similitude avec le processus de développement de la personnalité de l'enfant y sera plus approfondie.

Nous évacuerons, au point de départ, la phase autiste qui existait pour l'humanité à la fin de la période où l'homme se dégageait de l'animalité pour vivre de façon humanoïde; ce qui correspond à l'époque préhistorique.

Cette phase autiste peut pourtant revenir à chaque instant du processus chronologique, par voie de régression.

Quelles seront donc les étapes historiques du développement de cette culture occidentale qui marquera chacun d'entre nous, homme ou femme, dans nos relations interpersonnelles? Ces modèles de comportement nous sont transmis par notre Parent Intérieur, le porteur des valeurs.

C'est, en quelque sorte, le scénario «culturel» de l'Occident, sur les relations entre les hommes et les femmes, qui est décrit dans ce chapitre. Ces scénarios culturels s'interrelient aux scénarios personnel et familial pour diriger le parcours des êtres humains.

LA SYMBIOSE COSMIQUE

La symbiose cosmique constitue la première étape historique[1]. Durant cette période, la relation est essentiellement sexuelle. C'est une étape fusionnelle. Elle symbolise les noces cosmiques.

En ce temps, les femmes étaient recherchées un peu comme une proie sexuelle que l'on désirait capturer pour assouvir son désir. Les difficultés de cette époque n'incitaient guère à la reproduction: une bouche de plus à nourrir privait la collectivité.

Un virage s'est opéré à la fin de la dernière glaciation lorsque l'homme a changé ses habitudes de vie. Il sortit des

---

1. Certains livres sont catalyseurs. Ils font plus que donner une chiquenaude à notre réflexion, à notre créativité: tel est l'excellent livre de Gilbert Torymann, *La femme et son plaisir*, (Paris, Éd. Londreys, 1986) dans lequel vous pourrez lire avec profit des détails historiques très nombreux sur ce sujet.

grottes, s'installa dans les grandes vallées et, sur le pourtour méditerranéen, pratiqua l'élevage et la culture. Sa sexualité, influencée par la fertilité du sol, changea son optique: une relation s'établit entre la fertilité de la nature et celle du ventre de la femme. De plus, l'homme ayant besoin de bras pour cultiver, l'enfant devint une main-d'œuvre attendue.

Le rythme des saisons, et la fertilité qui est liée à leur succession, marque les esprits. La stérilité de la femme, comme celle de la terre, est redoutée. À cette époque, l'homme se sent intégré au cosmos dont il scrute les messages.

Le mariage antique, de ce fait, ne sera pas, la plupart du temps, motivé par l'amour, par l'attirance de deux partenaires dont les parents déterminent le plus souvent les fiançailles dès l'enfance. Il trouvera sa justification dans la permanence biologique de la race humaine ou dans des motivations de pacification ou d'alliances: l'objet d'échange, à cette époque, sera la femme. La femme, dans cet univers voué au culte de la fécondité, est davantage la vestale qui assure le lien entre les générations que la propriété du mari. Elle appartient au groupe.

Ce n'est que dans notre société contemporaine occidentale que les motifs du mariage ont changé pour l'ensemble de la population. Les partenaires s'unissent davantage en fonction de leur attirance personnelle, de leurs goûts communs ou de leur complémentarité, de façon à mieux s'exprimer et à s'épanouir grâce à l'autre.

La famille «nucléaire», instaurée comme un espace affectif où ne trouvent place que les partenaires du couple et leurs enfants, a attribué encore plus de valeur qu'autrefois à la tendresse et à la sexualité. Celle-ci n'est plus, avant tout, un instrument d'expansion de la famille ou de perpétuation des lignées. Elle est la pierre de touche dans le choix du partenaire et son utilisation initiale la relation conjugale.

Cet investissement romantique, fondé sur l'harmonie sexuelle et l'amour tendre, a désacralisé le mariage en le rendant fragile et souvent éphémère, car cet amour est lui-même de courte durée. «Plaisir d'amour ne dure qu'un instant, chagrin d'amour dure toute la vie.»

Grâce à cette symbiose cosmique, l'homme d'autrefois dépassait son conflit fondamental avec lui-même, avec l'autre, avec la nature.

Tout comme la symbiose avec la mère commence à s'estomper au-delà de six mois, cette symbiose de l'homme et du cosmos, par le biais de la sexualité sacralisée, ne pouvait se prolonger indéfiniment de façon homogène, à travers l'histoire.

Comme l'enfant, au cours de son développement, commence, à la fin de la période de fusion, à se dissocier de sa mère et à prendre ses distances pour se personnaliser, de la même façon, la relation homme-femme commença à perdre dès l'antiquité cette sacralisation basée sur la fécondité, bien qu'une économie agricole et une organisation sociale par clans aient essayé de la maintenir...

Des brèches s'ouvraient, où pouvait s'introduire la tendresse comme valeur importante. Pour le couple... Mais peut-être, d'abord, de la tendresse pour soi-même.

LA DISSOCIATION EN MARCHE

Au cours de cette période, les troubles de la séparation-individuation font surface. Mêlées à des phases fusionnelles persistantes, les différences entre les conceptions masculines et féminines y apparaissent de façon plus nette. Le monde antique n'est pas resté stable. En effet, la surabondance des récoltes et la faible variété des productions locales ont suscité des échanges. Aux points de rencontre de ces échanges se sont créées des cités de marchands de biens et d'outils et des cités d'artisans fabriquant ou réparant ces outils. Ces regroupements s'éloignaient de la nature et du clan originel: ils initiaient les ruptures, la dissociation.

En compensation, l'homme cherche le confort. L'acte sexuel, sacralisé pour son mimétisme symbiotique avec des noces cosmiques, va voir s'atténuer cette sacralisation lorsque l'économie urbaine, fondée sur le travail des esclaves, va prospérer. La femme, vestale du foyer, cheville ouvrière essentielle de cette économie familiale, va devoir changer les assises de son pouvoir.

Dégagé des obligations du travail quotidien, l'homme doit meubler son oisiveté: les arts, la réthorique, la recherche de la sagesse et de l'amour deviendront ses occupations majeures. La femme devra devenir cette hétaïre habile dans l'art de séduire et de bien parler pour capter à nouveau son attention.

Un premier degré de distanciation par rapport à la sacralisation primitive va se manifester dans la Grèce antique, par le passage du culte d'Aphrodite à celui de Dionysos, et, de façon parallèle, par celui de Vénus à celui de Bacchus, dans la Rome impériale.

Apparemment, il s'agit des mêmes orgies, mais il y a une différence essentielle. La déesse de l'amour, Aphrodite, image hellénique de l'Astarté d'Anatolie, permettait de célébrer la fécondité de la nature et le renouveau des saisons, et, grâce aux orgies sexuelles, la symbiose de l'homme avec le cosmos. Le dieu du vin, lui, semble exalter davantage l'expression individuelle à travers l'expression des pulsions sexuelles libérées par les effluves de l'alcool. Le rituel de l'orgie perd ici de sa signification profonde et devient le tremplin de multiples distanciations.

Face aux excès, les Grecs organisèrent dans la vie sociale, à l'autre extrémité du parcours du pendule, le culte d'Apollon. Ce culte prônait la sublimation du sexe et le refoulement, la modération de l'instinct. En pratiquant le culte de Dionysos et d'Apollon, les Grecs croyaient réaliser un équilibre entre l'amour légitime et l'amour assouvissement. À l'épouse, ils demandaient des enfants et de la tendresse; à la prostituée, l'exaltation de leurs pulsions sexuelles personnelles et la communication sur le

41

plan culturel, philosophique et artistique: d'un côté, la fusion productrice, de l'autre, le positionnement alternatif qui autorise l'échange. Grâce à l'éphèbe qui leur permettait d'allier tendresse et sexualité, et grâce à l'alibi du culte de la beauté, ils avaient même trouvé un relais intermédiaire. Ils satisfaisaient ainsi leurs tendances homosexuelles et leurs aspirations androgynes, cette nostalgie de la phase fusionnelle.

Les rites orgiaques dérivèrent. Ils ne manifestèrent pas tous les excès du culte destructeur de Cybèle, mais de nombreux flagellants et de multiples scènes de lacération et de sado-masochisme fleurirent dans le bassin méditerranéen au cours de la célébration des mystères religieux. C'est pour réagir à ces rites que le christianisme s'appliqua à limiter l'usage du sexe et à l'enfermer dans le monde du péché s'il ne se disciplinait pas... marquant ainsi une étape supplémentaire dans la distanciation entre l'homme et la femme.

Le christianisme naissant ne fut pas le seul à réagir. Les Romains eux-mêmes réprimèrent les débordements érotiques par des condamnations à mort.

La période fusionnelle, où l'exaltation sexuelle procédait de l'enthousiasme que procure le sentiment de fusion mystique avec les forces de la nature, s'effaça donc au profit d'une période où la distanciation dominait. L'enthousiasme fut remplacé par la convoitise sexuelle et la volonté de jouissance. Le conflit pour le pouvoir s'installa au grand jour entre hommes et femmes. Face à ce déferlement, à cette licence des mœurs généralisée, la réaction va renvoyer à l'autre bout du balancier. Auguste a sanctionné.

L'antidote ne viendra donc pas des autorités, mais du sein même de la société: philosophes païens, stoïciens, néo-platoniciens vont condamner la vie licencieuse de leurs contemporains et proposer la spiritualité et l'ascèse comme solution de rechange.

La morale chrétienne va codifier l'union du couple qui devra devenir indissoluble, quelles que soient les circonstances, adultère compris. Le mariage ne devient plus une institution humaine, mais une loi de la nature que Dieu a prévue dans sa création. Les époux ne devront former qu'une seule chair: «Une fois unis, rien ne peut plus les séparer.»

Nous retrouvons ici le thème de la fusion et, sous-jacent, le thème de la fusion mystique d'origine, qui implique l'étreinte sexuelle à laquelle la chair doit participer autant que l'esprit. Cette fusion est à nouveau sacralisée et, avec elle, le retour de la tendresse.

Que conclure?

Toute la période décrite précédemment marque en fait le déclin de la période symbiotique. On s'est acheminé vers la séparation en allant vers les extrêmes: la licence ou l'ascèse absolue dans l'abstinence des noces mystiques. La tendresse n'y survivait qu'en tant que rescapée.

Comme l'enfant qui veut marquer avec fermeté qu'il en a fini avec la période fusionnelle et qui part, dans le rejet absolu de sa mère, vers un monde rempli d'attraits divers, de même les couples vivent-ils ici une période difficile. Épreuve peut-être salutaire, mais au demeurant très périlleuse.

Cette évolution historique marquera fortement l'avenir: la société y fera cœexister symbiose et séparation. Elles se présenteront, au cours des périodes qui vont suivre, sous la forme soit de l'amour unique, soit du libertinage.

LA CŒXISTENCE DU FUSIONNEL ET DU DISSOCIÉ

Au cours de cette période cœexistent, de façon nettement constituée, des îlots où l'idéologie est fusionnelle et symbiotique, et d'autres où la distanciation complète est la règle. Après la phase où le couple devait vivre sa fusion comme des noces mystiques et celle qui suivait, où le couple se dissociait, soit dans la licence aboutissant au vagabondage sexuel, soit dans l'ascèse proposant une fusion sublimée, qu'allait produire l'histoire?

La société occidentale se partagera sans cesse entre deux quêtes: celle de l'être aimé unique et celle d'une myriade d'amours potentiels. Nous pouvons retrouver, dans deux œuvres de Platon, les prototypes de ces amours.

Dans le *Banquet*, Platon montre un amour proche de la fusion des origines. Un amour qui sort les êtres qui s'aiment de leur isolement par la fusion de l'un avec l'autre jusqu'à ne faire plus qu'un. Cet amour est semblable à une ferveur prodigieuse qui rend l'être aimé capable de vous «ravir» au sens étymologique du terme. Cet être aimé est idéalisé au point qu'on le vénère comme un dieu. Il s'agit de l'amour sacralisé. L'amour-fusion. La tendresse préside au rituel des amants.

Dans *Phèdre*, Platon décrit un amour convoitise. Chacun se souvient de la *Phèdre* de Racine et de sa passion exacerbée. Ce type d'amour a comme ambition de posséder, de dominer l'objet aimé. C'est l'amour lutte. Cet amour phagocyte l'objet aimé. La volonté de jouissance est ici exaltée: l'homme est un guerrier, la femme est le repos du guerrier. Ce type d'amour est complètement dépourvu de tendresse.

L'amour décrit dans le *Banquet* de Platon est une recherche de l'unité perdue. L'amoureux regarde vers Dieu, vers le ciel. Un couple à trois s'ébauche: les amants et Dieu.

L'amour tel que le décrit *Phèdre* est désir. Il cherche à maîtriser et à jouir et regarde furtivement vers le bas et autour de soi. C'est encore l'amour à trois: il y a le couple et le rival.

Ces deux types d'amour n'ont cessé de s'exprimer au cours de l'histoire. Le premier s'est retrouvé plus facilement dans les sectes ou dans le sillage des grandes religions. L'autre forme, plus marginale, s'est manifestée davantage dans le libertinage et a trouvé, au XVIIIe siècle, sa réalisation sociale dans une partie de la société, celle qui voulait se dégager de façon presque institutionnelle de l'emprise des siècles passés.

Pourtant, on peut dire que le compromis fusion-différenciation s'est révélé particulièrement vers les XIIe et

XIIIe siècles, dans ce qu'on a appelé l'amour courtois, qui prétendait réconcilier l'amour unique avec l'amour libre. Situation apparente de libertinage, puisque cet amour s'adressait à une femme qui n'était pas l'épouse, mais en même temps amour fusionnel et unique avec la dame de son cœur, amour dont on avait évacué, pour ne pas le compromettre, toute relation sexuelle.

Cette étrange séparation entre l'amour tendre et la sensualité, dont sont victimes beaucoup de couples contemporains, a fini par apparaître cautionnée par cette culture. S'imposant comme une fatalité, elle a inspiré l'invention du roman.

Que conclure?

Si la symbiose annihile un peu la personnalité, elle peut être pour un temps nourricière. L'état de grâce qui la guide et qui conduit de la fusion corps-esprit à l'amour désintéressé est tout à fait différent de l'amour dissociation nourri par le mépris.

On peut penser que la voie est sans issue lorsqu'on choisit l'amour libertinage, l'amour dissociation. Mais on peut pourtant espérer, si la lucidité joue, que ce type d'amour ne sera qu'une phase réactive intermédiaire de décantation, vis-à-vis des excès de l'amour fusionnel, et que la tendresse pourra encore avoir ses chances.

De fait, l'époque romantique les lui accordera... brièvement.

LE NOUVEAU STADE DE LA DIFFÉRENCIATION: L'HOMME MODERNE ET LA COMPÉTITION

Durant cette période, la dissociation l'emporte. Entre hommes et femmes, c'est la compétition qui triomphe. Le romantisme a redonné la préoccupation du mysticisme amoureux et de l'érotisme fusionnel. Cela s'est prolongé, au cours de la première moitié de ce XXe siècle, dans les épousailles de l'irrationnel et de la matière qu'était le surréalisme. Mais depuis, tout a changé. Les mutations industrielles, l'irruption des médias, les découvertes chimio-biologiques vont bousculer toutes les conceptions anciennes. Avec les journaux, le quatrième pouvoir prend le relais. Ce ne sont plus des instituteurs, des médecins, des juges qui décident. Les causes sont exposées au peuple, qui émet son jugement, influencé certes par celui des journalistes, mais, ce faisant, il prend conscience de sa force. Il faut maintenant compter avec les mouvements d'opinion.

Ce n'est plus dans l'amour qu'on se réalise, mais plutôt dans le travail et les loisirs. La consommation se normalise et crée une communauté d'usage et de goût. On n'a donc plus besoin de la discipline sexuelle et des condamnations religieuses pour créer un consensus social. La société va devenir plus tolérante vis-à-vis des marginaux. Par contre, elle sera beaucoup plus critique pour tous ceux qui la menacent, et dont l'idéologie est le farniente. Les hippies indolents et paresseux représentent un danger pour la société, non pas à cause de leur liberté sexuelle mais à cause de leur refus d'entrer dans la société de production[1].

Après quelques combats d'arrière-garde, la société va laisser le champ libre à l'individu dans le domaine de l'amour et de ses expressions diverses. Bien évidemment, les découvertes biologiques et psychologiques du siècle contribuent énormément à l'instauration de cette «ouverture d'esprit.»

La contraception va, premièrement, désagréger l'idéologie associant sexualité et procréation et, deuxièmement, donner de la femme une image au pluriel. Celle-ci n'est plus seulement la gardienne de la maison, elle devient une partenaire égale dans les joutes du plaisir et de la tendresse, et on la retrouve comme adversaire dans la compétition professionnelle. L'absence de risque, qu'amène la pilule dans la relation sexuelle, banalise cette relation et lui enlève le piment du risque, en lui ôtant l'attrait des interdits et des dangers. La crainte s'évanouissant,

---

1. Voir les positions de Reich et de Marcuse dans le livre *Le corps et la caresse*, Édition Gréco-Le Hameau.

on s'abandonne davantage au plaisir, avec peut-être une certaine obsession de celui-ci, et parallèlement, la mise en déroute de la tendresse.

Les publications de Master et Johnson ou le rapport Kinsey contribuent à évacuer de l'esprit l'idée que ces interdits étaient anormaux. Céder au désir fantaisiste du partenaire devint paradoxalement une manifestation de la tendresse à son égard. L'abondante variété des pratiques sexuelles, qui étaient considérées comme une perversité, prit place dans ces «préludes»; préliminaires qui redonnaient à la relation entre hommes et femmes des allures de cantilène. Ainsi, au sein de cette relation, la tendresse pouvait se moduler selon une quantité de variantes, et les égoïsmes réducteurs s'abolissaient. Grâce aux observations statistiques de Kinsey ou aux expérimentations comportementales enregistrées par Master et Johnson, la conciliation du corps et de l'esprit, du cœur et de l'imaginaire, la réhabilitation de l'homme total semblaient enfin possibles.

Mais l'homme reste vulnérable à la tyrannie de la compétition. Battre des records. L'orgasme à tout prix. À ne pas réfléchir à la qualité de sa relation, il en a oublié, à nouveau, que sa nourriture essentielle était la tendresse.

Par ailleurs, les difficultés rencontrées au travail, dans la cité, dans les affaires ont tendance à ramener la sexualité au niveau d'un dérivatif ou d'une drogue et de la vider de sa densité la plus riche, celle qui en fait un média de l'amour, un langage qui exprime l'intimité, la proximité de l'autre, l'attention à l'autre, l'interactivité entre les deux personnes. Dans ce cas, l'aspect fusionnel et mystique de la sexualité risque d'être évacué purement et simplement. Au lieu d'être un instrument de rapprochement, elle devient celui de la confrontation, elle sert d'exutoire à tous les conflits personnels, elle devient le fruit d'une nouvelle servitude et non l'instrument d'autonomie qu'elle peut être.

Où en sommes-nous, actuellement, de ces dangers ou de cette espérance? La tendance, nous le verrons, est plutôt à la régression vers un autisme retrouvé. La tendresse risque de sombrer totalement, étouffée par le narcissisme à son point culminant. La peur du sida n'a pas encore renversé la marche du balancier, ni restauré la primauté de la tendresse dans la relation duelle. Ne risquera-t-elle pas de le renvoyer vers les extrêmes?

L'AUTISME RETROUVÉ

Au cours de cette dernière période, l'équilibre «indépendance dans l'interdépendance» devient un idéal; il s'ébauche mais il ne peut s'affirmer. Il y a donc un retour massif à l'autisme sous forme d'un narcissisme exacerbé, avec çà et là quelque espérance. La culture n'étant pas porteuse, il reviendra aux deux partenaires de «ramer» à contre-courant pour aborder, au sein du couple, à cette autonomie dans l'amour réciproque; autonomie qui est la plus favorable à l'épanouissement de la tendresse. Ils devront aussi faire avancer l'humanité dans son développement vers cette plage où l'indépendance dans l'interdépendance pourra s'épanouir.

Les médias prônent un tel amour de soi-même, un tel nombrilisme, qu'ils semblent avoir persuadé les hommes de notre société qu'ils peuvent se passer de l'amour des autres. La fusion mystique et romantique est tournée en dérision. La communication n'est exaltée sans trêve qu'à des fins mercantiles. Le consumérisme ne fait que privilégier un individualisme forcené, autosatisfacteur. Au cours de cette quête névrosée de son *ego*, les plaisirs qui embrument son esprit étoufferont-ils le besoin de tendresse de l'être humain?

Dans la relation, tout engagement en profondeur présente une menace, celle d'être enchaîné à l'autre. L'idée même d'amour est ainsi anéantie. Nous finissons même par douter qu'il puisse exister, car il inclut la notion de durée, l'intimité que l'on partage à la fois sur le plan de l'attirance sexuelle, mais aussi des émotions vécues en commun, des confidences extrêmement personnelles qu'on partage. L'amour est un lien aussi fort que le nœud gordien. Il est capable de résister à tous les coups de butoir du monde extérieur. Le ciment de ce lien est la tendresse. Aujourd'hui, un tel lien apparaît le plus souvent comme une servitude.

L'homme contemporain refuse cet engagement affectif que comporte l'amour, surtout vécu dans la durée. Il préfère le renouvellement, la fugacité. On largue un partenariat pour se retrouver dans un autre, aussi leste et aussi léger que si le premier n'avait pas existé, «l'incroyable légèreté de l'être.» On est happé par l'amour comme on l'est par la mode: un accoutrement suit un autre et deviendra très vite caduc. Dans l'amour, il y a plus le goût de la conquête, l'art de séduire, qu'un attachement vrai. Alors, quand une difficulté se fait sentir dans la relation avec son partenaire, il est de bon ton d'avoir un détachement émotionnel tel qu'il justifie et rend possible un détachement ultérieur, définitif, à l'égard de la relation totale.

Cette peur de l'engagement profond empêche d'aller à la reconnaissance de l'autre, à la découverte de son unicité, à l'exploration de ce qu'il y a, en lui-même, de «tout autre» par rapport à nous, mais d'indiciblement complémentaire.

L'ambiance de compétition nous focalise sur le point faible de l'autre pour lui donner les chiquenaudes qui vont l'ébranler, l'amener à notre merci. Dans un premier temps, celui de la conquête, c'est le moyen de faire céder à notre désir. Dans un second temps, celui du largage, c'est un moyen pour justifier qu'on le laisse tomber. Pourtant, même si elle est brève, une rencontre peut avoir une densité extraordinaire. Elle peut rester chaude et présente au cœur de notre mémoire toute la vie. Certains instants d'intimité partagée resteront dans nos esprits comme les jalons les plus merveilleux de notre existence, parce que la tendresse nous aura sorti de nous-même et de notre égoïsme et nous aura permis un contact vrai et authentique.

L'attention à l'autre est à la base même de la tendresse et de la découverte de l'autre, mais elle demande une certaine limitation de notre liberté. C'est le prix à payer pour bâtir sur des fondements solides qui défient le futur. L'homme d'aujourd'hui saura-t-il réintroduire une dimension mystique dans sa recherche charnelle? Aboutira-t-il à l'authentique autonomie, à cette indépendance dans l'interdépendance? Ne redécouvrira-t-il le sens de la tendresse que par la crainte d'une calamité qui semble inconjurable, le sida par exemple? Ce serait dommage.

Pour ne pas être déçu, tant les interrelations personnelles ont peu de chances de présider aux rapprochements des couples, on fait mine de se satisfaire de la brièveté des relations. On se justifie par des exigences telles, vis-à-vis l'un de l'autre, qu'elles ne peuvent être satisfaites. Forcément, on n'en sort que déçu. Pour éviter de souffrir et de paraître ridicule, on feint alors l'indifférence et le détachement. On est affamé d'authenticité, de tendresse profonde et d'amour mais, paradoxalement, pour ne pas tomber de haut, on limite sa demande à une relation sans engagement, on étouffe la tendresse. On a soif de compréhension, d'acceptation de ce que l'on est, «comme on est», de tolérance de la part de l'autre. Néanmoins, on mutile sa générosité, on bafoue l'énergie rédemptrice de l'oubli et on récuse la force salvatrice et l'immense réservoir de tendresse qu'est le pardon.

L'espérance, pourtant, demeure. Dans ce monde sans chaleur et blasé, il y a une soif énorme d'intimité et de tendresse qui peut raviver la flamme. On ne peut indéfiniment éviter la prise de risques qui, certes, peut amener à l'échec de la relation et de la tendresse, mais qui constitue aussi le seul passage obligé pour obtenir cette tendresse et cet amour.

CONCLUSION

De la symbiose cosmique primitive, de la sexualité sacrale originelle, au désir encore vaguement mystique actuel d'une dépendance dans l'interdépendance, l'humanité lègue aux hommes et aux femmes d'aujourd'hui son scénario archétypique. Les lois du développement de l'humanité sont-elles les mêmes à l'échelle individuelle qu'à l'échelon planétaire? L'homme et la femme, dans le couple, vont-ils d'une phase fusionnelle à la dissociation? Font-ils des aller-retour alternatifs de la dépendance à l'autonomie, de l'indépendance à l'interdépendance? Suivent-ils, en cela, un itinéraire qui les marquerait de façon contraignante, incontournable, parce qu'il serait l'écho, dans la relation duelle au stade adulte, de la relation duelle primordiale ayant marqué leur enfance...?

Avant d'apporter une réponse à cette question et de voir en quoi ces aspects scénariques de nos vies sont des trouble-fête qui mettent la tendresse en péril, voyons comment on peut, au préalable, écarter du quotidien les obstacles venant des comportements «classiques» qui, le plus souvent, altèrent les relations dans le couple.

Chapitre II

LES PRÉALABLES À LA TENDRESSE

La tendresse est plus qu'un mot de poète. Elle est une manifestation psychophysique de la relation entre deux personnes. Elle est la nourriture de base nécessaire à la naissance, à la vie, à la permanence d'une relation d'intimité. Elle a un rôle essentiel dans la vie d'un couple.

Lorsqu'on dit «psychophysique», cela signifie qu'il y a une interactivité entre le corps et l'esprit. Si l'on agit par le corps sur le corps, l'âme en ressent un bienfait. Si l'âme s'exprime avec des mots de tendresse, le corps s'épanouit. Mais les mots sont seconds. Lorsque le poète disait: «J'entendrai des regards que vous croirez muets», il voulait dire que toute manifestation physique peut avoir un sens, «son» sens. À nous de décoder. Un même geste peut être la manifestation de sentiments opposés. Il y a le baiser de routine. Il y a le baiser expressif. Il y a le baiser de Judas..., etc.

Dans ce chapitre, nous voudrions surtout parler de ce qui immobilise le couple et le bloque. La vie ne s'arrête pas. Le couple doit avoir une vie dynamique, un moteur. Il peut nourrir son amour grâce à son carburant indispensable, la tendresse.

Nous parlerons donc de tous les blocages à l'intimité, des blocages relationnels, lot commun de la vie des couples, qu'il nous faut regarder en face si nous voulons réanimer cette vie de couple.

Nous ne perdrons pas de vue, dans chaque situation, que la tendresse peut être la bouée de sauvetage ou le moyen de faire évoluer favorablement la situation.

Cette situation de blocage, disions-nous, est fréquente. Nous avons tous peur des risques qu'une intimité profonde amène et nous bloquons la relation au niveau des apparences, comme nous bloquons notre respiration lorsque la peur nous saisit. Lorsque nous jetons un regard honnête sur nous-même, nous nous rendons nettement compte que nous ne vivons plus la relation de couple qu'au niveau des rites extérieurement visibles, sa réalité étant sans âme.

Si nous voulons débloquer la situation, nous devons nous poser quelques questions. La première: «Qu'est-ce qui a dérapé dans notre relation?» La seconde: «Pour retrouver l'intimité, ou pour la trouver, quels sont les besoins à satisfaire pour l'un et l'autre, quels sont nos désirs?»

Les réponses que nous donnerons à ces questions feront vite apparaître que tout se jouait, dès l'enfance, lorsque nous avons élaboré le scénario de base, que nous rejouons sans cesse. Ce schème de vie nous ramène aux mêmes difficultés, aux mêmes problèmes à résoudre, aux mêmes états d'âme... Tout au long de la vie. À moins que nous décidions de remanier notre scénario de vie[1].

---

1. Voir précédemment ce qui concerne la notion de scénario, encore appelé script, en analyse transactionnelle. Interviendra ici, dans les interactions avec le scénario «familial», le scénario culturel tel que l'a élaboré la culture occidentale, pour les relations de couple (voir chapitre précédent).

La réponse que nous nous ferons nous montrera également quelles sont les situations de notre vie qui bloquent cette intimité.

Si nous faisions une liste des différents points sur lesquels nous devons nous interroger, elle pourrait s'organiser autour des thèmes suivants:

- Comment dégager et exploiter la pépite d'or de son meilleur «Moi».
- Comment connaître et exprimer ses vrais désirs.
- Comment s'accepter tel que l'on est.
- Comment manifester ses sentiments réels et non ceux du «masque».
- Comment savoir avoir besoin de l'autre.
- Comment éviter le dilemme: vaincre ou déclarer forfait.
- Comment copiloter la vie courante et non se mettre à la remorque de l'autre.
- Comment s'atteler à deux pour désensabler la relation.
- Comment être à l'écoute de soi et de l'autre.
- Comment gérer équitablement l'intendance.

Chacun de ces aspects doit être travaillé pour débloquer la relation; travail, préalable à l'émergence de la tendresse. En effet, la tendresse est le but tout autant que le moyen d'une vie de couple épanouie.

DÉGAGER ET EXPLOITER
LA PÉPITE D'OR DE SON «MEILLEUR MOI»

Nous devons, nous aussi, apprendre à extraire le meilleur de nous-même en ne restant pas à la surface des choses. Le singe de la fable de la Fontaine trouvait que la noix était mauvaise. En effet, il se contentait de planter ses crocs dans la bogue amère et dure qui l'entourait.

Bien souvent, la personnalité en représentation est celle mise en place par notre scénario initial. Elle est la résultante en nous d'un alliage de mauvaise qualité, comme celui de la gangue qui entoure une pépite d'or.

La partie en nous qui relaie des Messages Parentaux[1] est soit acerbe et critique ou, au contraire, elle peut se substituer à nos vrais talents pour nous maintenir en tutelle, pour nous chaperonner et venir indûment à notre rescousse.

La part Adulte est contaminée[2] ou inefficace parce que mal informée ou étouffée.

Quant à la part de nous-même qui devrait amener la fraîcheur d'une Enfance sauvegardée, elle manifeste une passivité sans initiative, une suradaptation qui enclenche des réactions stéréotypées devant l'événement au lieu de lui faire face[3].

---

1. Voir les concepts de Parent, Adulte, Enfant, en analyse transactionnelle, à la page 19 du présent ouvrage.
2. Contamination dans les frontières de l'état Adulte, intrusion dans l'état du moi Parent et de l'état Enfant dans les frontières de l'état du moi Adulte... On a affaire à une contamination lorsque l'Adulte accepte comme vérité des croyances parentales non fondées ou des déformations de l'Enfant, et qu'il rationalise et justifie ces attitudes. (Muriel JAMES et Dorothy JONGEWARD. *Naître gagnant*, traduit de l'américain par Laurie HAWKES. Paris, InterÉditions, 1978, 320 pages).
3. L'état du moi Enfant qui est le plus archaïque est le plus complexe. Il intègre les aspects Parent, Adulte, Enfant de la prime enfance, comme des enregistrements. Il se compose de trois parties différentes: l'Enfant Spontané (ou Libre ou Naturel), le Petit Professeur et l'Enfant Adapté.
Pour l'**Enfant spontané**, voir page 26.
Le **Petit Professeur** est la sagesse innée de l'Enfant. C'est cette partie intuitive de l'état du moi Enfant qui réagit aux messages non verbaux et se fie à ses impressions. Grâce à elles, l'Enfant comprend, par exemple, quand il faut pleurer, quand il faut se taire et comment il faut se conduire avec maman pour la faire sourire. Le Petit Professeur est également très créateur. (On l'appelle encore l'Enfant Manipulateur.)
L'**Enfant Adapté** est la partie de l'état du moi Enfant qui présente une modification des penchants de l'Enfant Spontané. Ces adaptations d'impulsions naturelles surviennent comme des réactions à des traumatismes, à des expériences vécues, à l'apprentissage et principalement aux exigences des personnages importants

Elle peut encore, au contraire, faire montre d'une rébellion stérile: nous piaffons sans agir, incapable d'accepter l'événement ou nos propres limites. Parfois même, au lieu de créativité, cette ultime part de nous-même, qui est un vestige de la fraîcheur de l'Enfance et devrait être la jouvence permanente de notre vie, fuit avec un brin de folie dans le désordre non maîtrisé.

Ce tableau paraît sombre. Il y a certes toutes les nuances dans ces déformations. Les événements de notre prime enfance, pourtant, nous ont décidé à jouer et rejouer les scènes de notre vie selon des stéréotypes qui, c'est ce que nous croyons, facilitent notre survie. Aussi n'avons-nous rien fait pour changer le scénario.

Il y a pourtant, dans tous ces éléments pervertis — il suffit pour le voir de regarder derrière le masque —, des éléments positifs que nous pouvons intégrer les uns aux autres pour constituer ce noyau, dense et riche, qui donnera du poids à notre vie et participera à son élaboration constructive.

- Allégeons surtout la part Parentale en nous. Élaguons celle qui manie semonce et critique négatives. Conservons celle qui, «conseillère», est présente à nos difficultés, tant celles de notre caractère que celles de l'environnement. Faisons de ses alertes un guide pratique de la vie courante.

- Quant à ce côté «sauveur» qui, en nous, prend le relais des Parents Surprotecteurs et nous fait nous apitoyer sur nous-même, transformons-le en un sain amour de nous-même. Une prise en charge «nourricière» de nos actes et de nos sentiments est utile. Ne nous privons plus d'un face à face salubre avec la réalité assumée, un face à face «responsable.»

---

investis d'autorité. (James et Jongeward o.c.)

Deux formes d'adaptation : **L'Enfant Adapté Soumis**: Il a peur de mal faire. Il essaie de deviner ce qu'on attend de lui.

L'Enfant Adapté Rebelle: Il s'adapte aux autres en prenant le contre-pied, il s'oppose.

• Favorisons aussi l'Adulte en nous. Il doit intervenir dans notre vie sans être étouffé ni contaminé par un Parent surabondant. Laissons-lui la possibilité de s'exprimer en le formant et l'informant. Par la lecture, la réflexion, l'échange calme et positif avec les autres, avec ceux en particulier qui sont capables de nous éclairer sur nous-même. Faisons surtout confiance à son pouvoir rationnel, le bon sens étant la chose la mieux partagée du monde.

• Enfin, pour la partie «naïve» et sans cesse renaissante en nous, je veux dire l'Enfant, rendons-le libre, intuitif, créatif, «utilement» adapté. Dégageons-le des bandelettes que sont la suradaptation, la passivité, la rébellion ou la non-acceptation de soi et de ses limites. Laissons libre cours à l'imaginaire, à la fantaisie de la créativité.

Ce qui fait la base et le ciment des couples et de leur intimité, c'est la relation entre leurs Enfants Intérieurs réciproques. Or, bien souvent, au lieu de créativité et de fantaisie dans la relation, une suradaptation très forte ou, au contraire, une rébellion intense ont pris le pas.

Que se passe-t-il dans ces conditions?

Un des membres du couple — ou les deux — entasse des ressentiments. Un jour, c'est l'explosion. Ou bien, au lieu de réagir avec des sentiments vrais face au comportement de l'autre, on se replie sur des sentiments «automatiques», ceux qui, dans l'enfance, étaient les plus pratiques pour se protéger de l'environnement. C'était alors des sentiments acceptés par l'entourage. Manifester une colère au lieu d'une tristesse, bouder au lieu d'être en colère, etc. Des sentiments de substitution, des sentiments parasites: dès que l'un fait telle chose, l'autre manifeste tel sentiment.

Au lieu de sentiments vrais et acceptés, les partenaires peuvent aussi entrer dans des jeux qui, après quelques passes d'arme, les amènent, en fin de compte, à des sentiments compatibles avec leur scénario infantile.

Marion avait l'habitude de passer ses week-ends à visiter les musées, à faire la chasse aux images avec son appareil photo. Pierre allait aux matchs de football et faisait des randonnées en vélo.

L'un et l'autre auraient pu inventer des solutions communes d'emploi du temps. Pierre aurait sélectionné les matchs auxquels il tenait... Ces dimanches-là, Marion serait allée visiter les expositions intéressantes... Les autres week-ends, ils auraient pu sillonner la campagne en vélo, et Marion y aurait trouvé des occasions de faire des photos.

Ni l'un ni l'autre n'osent imposer leur loisir. Les deux se rabattent sur une solution de fait: la visite et le repas dominicaux chez les parents de l'un ou de l'autre, à tour de rôle... avec l'inévitable intrusion des beaux-parents dans les problèmes du couple.

Chaque départ ou chaque retour est le théâtre de drames.

Les parents de Marion sont des maniaques de la ponctualité. Marion craint d'arriver en retard et bouscule Pierre. Par rébellion, il traînasse. Elle éclate: «D'ailleurs, tu hais ma mère parce qu'elle cuisine mieux que la tienne....» Il va bouder pendant tout le trajet. À table, il va jouer l'indifférence. Il ne félicitera pas, comme il se doit, sa belle-mère et s'abîmera, muet, tout l'après-midi dans la contemplation de la télévision. Marion le lui reproche au retour. «Si tu veux, la prochaine fois, tu iras seule», réplique-t-il. Marion éclate en sanglots.

Enfants, l'un et l'autre n'avaient pas le droit de se mettre en colère; alors l'un boude et l'autre est triste et pleure en substitution.

Pierre console Marion, fait *mea-culpa* et s'accuse... Il amorce le jeu: «Botte-moi les fesses.» Elle en profite et le charge en jouant le contre-jeu: «Cette fois, je te tiens, salaud!», et voit qu'elle est allée trop loin, car il «se met à bouder de nouveau»... Elle commence alors le jeu: «J'essayais seulement de t'aider», etc.

* * *

Lorsque nous proposons de dégager et d'exploiter notre «Moi» le meilleur, notre personnalité profonde, il s'agit de mettre en actes les aspects positifs évoqués ci-dessus. Pour l'intimité, il s'agit de mettre au service de l'Enfant présent en nous les états de notre Moi les plus utiles pour sortir de notre scénario: ceux qui nous aident à résoudre les situations au lieu de les renforcer et de les perpétuer ainsi dans notre Moi scénarique. Il faut donc que nous soyons lucides.

Faire face aux blocages relationnels, dans ce contexte, passe donc par une analyse compréhensive de ce que nous avons vécu antérieurement. Décisions prises à l'occasion des événements de notre enfance. En fait, tout ce qui, ici et maintenant, nous rend dépendant et impuissant face à un «metteur en scène» externe, qui conduit notre vie de façon répétitive et empêche le meilleur de nous-même de s'épanouir.

Par conséquent, ce qu'il faut rechercher en premier lieu est une acuité de vision telle qu'elle nous aide à distinguer nos deux Moi qui s'affrontent et dont l'un étouffe l'autre en permanence. Exploiter et prendre soin de son Moi le meilleur ne signifie pas qu'il faille sans cesse ne songer qu'à soi, mais être conscient de ses besoins prioritaires. Envisager, s'il y a lieu, de les favoriser en premier.

La grande difficulté, malheureusement, est que, lorsque nous vivons ce «théâtre à répétition», nous glissons à la surface des événements qui s'enchaînent. Le tout nous paraît cohérent, nous semble une réaction normale et adéquate au problème qui se pose. Une réaction, somme toute, raisonnable. Sans nous en rendre compte, nous revivons, avec des habillages différents, les mêmes scènes stéréotypées. Nous sommes les marionnettes d'un système sans lien avec la vie réelle.

Comment faire alors ?

Comment faire face avec réalisme et objectivité au processus qui se déroule, si on se laisse emporter par lui sans recul?

Si c'est un autre, le conjoint par exemple, qui nous place devant ce décalage entre le «réel» et la théâtralité que nous développons, nous sommes très mal préparé à l'accepter. Il faut donc, petit à petit, faire l'apprentissage de cette confrontation entre notre Moi «scénarique» et notre Moi «réel.» Entre les événements vécus de façon théâtrale et la situation réelle. Il faut demander l'aide sincère de l'autre avec un «contrat d'acceptation.» Sinon, faire intervenir une tierce personne capable de dénouer ces intrigues élaborées par notre scénario.

Ainsi, l'objectif est d'augmenter la conscience de soi, la conscience des états du Moi, la conscience des sentiments qu'on vit et la conscience de la trame stéréotypée que nous recréons. Mais tout cela s'enracine dans le passé. Pour temporiser la puissance d'évocation de ce dernier, pour démystifier les projections de ce passé enfantin; projections qui viennent s'écraser sur le partenaire d'aujourd'hui, alors qu'elles ne sont que des sentiments rancis, des conflits vécus autrefois avec papa, maman, tel frère ou telle sœur, ou encore tel maître, il faut entreprendre de larguer ces restes du passé. Pour ce faire, nous devons accepter de vivre de façon consciente et organisée les sentiments vrais que nous n'avons pu vivre jusqu'alors. Que nous ne nous sommes pas autorisé à vivre jusqu'alors.

Ayons le courage de faire face à tout ce que l'imaginaire engendre en nous. Faisons une enquête vraie sur les sentiments de l'autre. Essayons d'en revenir aux faits, à ce qui s'est passé en réalité. Évitons toute «redéfinition» des choses qui viendrait de notre interprétation, toute lecture des pensées de l'autre qui serait un montage, une interprétation complice de notre vieux scénario.

Cet effort, faisons-le à deux, dans l'échange réciproque: lorsque l'un ou l'autre décèle l'émergence du scénario, il doit le faire savoir à l'autre. Il y a des clignotants qui se manifestent dans ce cas-là. Apprenons-nous, de façon réciproque, à les reconnaître. Ce sont parfois des sensations corporelles: une bouffée de chaleur, une oppression de la poitrine, un nœud à l'estomac, une colique, un sentiment de se glacer, etc. Ces clignotants indiquent, bien souvent, que la petite scène va commencer. Si on a pris l'habitude d'en tenir compte et de l'identifier, on peut alors mettre notre Moi le meilleur à contribution pour chasser ou éviter les pantomimes de notre Moi «comédien *dell'arte*.» L'Adulte, en nous, peut rationaliser les faits. La part Parentale, celle qui nous protège nous-même, peut nous aider à mettre au monde ce «meilleur» de nous-même.

Ce travail sur nous-même est moins fructueux lorsqu'il est solitaire. Il est plus riche si, l'un et l'autre, nous nous aidons à suivre cette règle: quand l'un des deux devine que l'autre va adopter un comportement dicté par son scénario ou un comportement qui est sans lien avec la réalité d'ici et maintenant, il faudra qu'il le lui dise. Cette règle comporte une contrepartie: l'acceptation par celui qui est prévenu de considérer ce message comme un renseignement que son Adulte, rationnel, est capable de recevoir. Dans cette circonstance, il lui faut réfléchir à ce qui se passe et non entreprendre de se justifier *a fortiori* et de réagir de façon agressive comme dans un duel.

Il va sans dire que la tendresse joue ici un rôle important: dans la façon dont on fera passer le «message»; dans le soutien qu'on apportera au partenaire, toujours triste de constater les éternels retours du «naturel» (de confection archaïque), qui revient au galop; dans l'incitation à continuer l'effort de lucidité entrepris en demandant une aide équivalente.

Voilà ce que nous entendions par «dégager le meilleur de soi et l'exploiter», comme on dégage une pépite d'or de sa gangue ou une noix de sa bogue. Mais on ne réussira qu'après y avoir mis beaucoup de bonne volonté, de sincérité, d'abandon confiant en l'autre et de tendresse. Si les deux membres du couple s'astreignent à cette discipline, celle-ci devient bénéfique. Les échanges ne sont plus vus comme des reproches qu'on se lance au visage, mais comme l'édification commune de relations nouvelles où la tendresse est facilitation en même temps que récompense.

CONNAÎTRE ET EXPRIMER SES VRAIS DÉSIRS

Dans les obstacles entravant l'épanouissement de la tendresse ou risquant même de la tuer, certains sont liés au metteur en scène secret qui s'agite en nous.

Ce dernier nous interdit de prendre conscience de nos besoins, et cette interdiction se situe surtout au plus profond de nous.

Si d'aventure, il y a prise de conscience des besoins, notre «scénario» nous interdit le plus souvent d'exprimer ces besoins et ces désirs.

Très fréquemment, pour beaucoup d'entre nous, nous ne nous posons même pas la question de savoir ce que nous attendons des autres. Nous sommes-nous déjà dit: «Qu'est-ce que j'attends de mon époux, de mon épouse, de mon partenaire, de ma partenaire, de mon compagnon, de ma compagne, de mon ami, etc.?»

L'injonction Parentale reprise par notre scénario «ne nous autorise qu'à» prendre soin des autres. Tout ce qui concerne les soins que nous nous portons à nous-même est considéré comme de l'égoïsme, et donc condamnable.

Certes, nous ne sommes pas tous sous l'empire d'un tel interdit. Mais souvent, lorsque nous avons conscience de nos besoins, de nos désirs, nous continuons à les ressasser, victimes que nous sommes d'une autre injonction qui est: «N'exprime pas tes besoins, n'exprime pas ton désir.»

Pour satisfaire alors le metteur en scène qui agit *incognito* en nous, nous biaisons. Nos demandes ne sont pas exprimées en langage clair. Nous nous culpabilisons à demander franchement et directement les choses. Cela nous est trop difficile. Un vécu primitif nous a parfaitement convaincu qu'il n'était pas possible de franchir cet interdit, de prendre sur soi d'exprimer son besoin...

Par ailleurs, il y a une impérieuse obligation d'obtenir des signes de reconnaissance, de recevoir des caresses (des *strokes*, pour utiliser un terme de l'analyse transactionnelle) qui nous permettent de vivre. Nous rusons pour attirer l'attention de l'autre. Nous employons des stratagèmes qui nous amènent ces signes de reconnaissance, quitte à ce qu'ils soient négatifs. Nous mettons alors en place des «jeux»[1] qui amènent automatiquement l'autre à une surenchère. Celle-ci, de fil en aiguille, d'escalade en escalade, conduit au dénouement prévu et familier. Par exemple, la «brouille» amènera la réconciliation délicieuse, autorisera des retrouvailles sur l'oreiller.

À la place de nos vrais sentiments, nous jouons les sentiments «parasites»[2] qui, dans notre enfance, amenaient l'entourage à s'intéresser à nous. Nos comportements sont donc rusés, manipulateurs.

---

1. Jeux: Les gens jouent entre eux à des jeux psychologiques assez semblables aux jeux de société, comme le *Monopoly*, le bridge ou les échecs. Chaque partenaire doit connaître les règles du jeu avant de commencer. Tous les jeux ont un commencement, un système de règles déterminées et un but final. Toutefois, les jeux psychologiques ont de plus un dessein caché. On n'y joue pas pour le plaisir. C'est une série de «transactions», un stratagème utilisé, qui, bien souvent amène deux perdants.

   Au niveau social, ces transactions paraissent plausibles. Cependant, il y en a une qui est piégée. Le but réel, c'est le bénéfice qu'on en retire. Soit qu'on recherche un stroke négatif ou positif qui nous confirme dans notre position «OK» ou «non OK» (James et Jongeward voir page 33-35). Voir la note sur les positions de vie, chapitre I page 21 du présent ouvrage.

   Les jeux empêchent les rapports honnêtes, intimes et ouverts entre partenaires. Pourtant, on y joue pour passer le temps, attirer l'attention des autres, renforcer ses opinions primitives sur soi et les autres et répondre au besoin de croire au destin. Les personnes qui affectionnent les jeux attirent des partenaires acceptant de tenir le rôle complémentaire et de leur donner le «coup de pied» recherché. Il y a une démarche initiale. Certaines sont implicites: un geste de dédain, un battement de cils engageant, un doigt accusateur brandi, une porte qu'on fait claquer... Un silence obstiné, une bouderie... D'autres manières d'engager le jeu s'expriment aussi verbalement.

2. Les sentiments parasites sont des sentiments négatifs qui nous sont coutumiers. Nous nous sommes habitué à eux dès l'enfance, car ils étaient tolérés par l'entourage. Ils avaient de l'effet sur lui et nous permettaient, grâce à eux, d'obtenir l'accord désiré, de manipuler nos parents.

   Face à une situation difficile, lorsqu'on vit des relations émotionnellement perturbantes, ces sentiments parasites peuvent parfois faire appel à des sentiments autorisés... ou connus, les sentiments adéquats étant étouffés parce que inconnus ou défendus jadis.

Il est en effet périlleux de demander de façon claire la réalisation d'un désir, d'exprimer un besoin. La réponse négative qui peut venir est une menace. Comment l'interpréter: est-ce un refus pur et simple ou sommes-nous rejeté pas l'autre? L'ambiguïté plane au point que l'Enfant d'autrefois continue à revivre les ambiances du passé, préférant ne pas dévoiler ses désirs, car la réaction de l'autre le fragilise sur un terrain où il se sent trop à découvert, sans protection. Le rejet, pour lui, c'est l'abandon[1]. Il préfère se réfugier dans les contes de fées, ces fées qui savent si bien lire au fond des cœurs.

«Si ma femme m'aimait, si mon mari m'aimait, il saurait ce dont j'ai besoin. Ce ne serait pas utile de l'exprimer. Demander quelque chose enlève tout son charme à ce que j'obtiens, le dévalorise. Cela ne vient pas du fond du cœur.»

Cette superposition de la crainte de l'abandon, du rejet et du recours, de la part du partenaire, à la divination enfonce encore davantage le clou: la crainte de demander est de plus en plus enracinée.

Quand on vit ce genre de difficulté, on peut encore finasser de façon différente. L'un des partenaires a bien conscience de ses désirs mais, de façon délibérée, il se refuse à solliciter quoi que ce soit, car, d'après lui, il mettrait l'autre dans l'embarras. «Certes, je désire que ma compagne me caresse la peau, le visage, les parties de mon corps les plus intimes, mais je sais qu'à cause de son éducation, elle est sous l'emprise de puissants interdits. Je préfère donc ne rien demander.»

De façon différente, et dans d'autres domaines, nous pouvons avoir le même comportement: ne jamais rien souhaiter qui ne soit conforme au goût de l'autre. «J'aime le théâtre de boulevard, mais nous n'irons voir que des pièces qui font «penser». Je me régale avec la cuisine chinoise, mais elle a des

---

1. Rappelons-nous cette phase du développement de la personnalité de l'Enfant où celui-ci prend le large mais espère retrouver sa mère «disponible» à ses retours. Le comportement de celle-ci a pu déclencher ce complexe d'abandon.

problèmes de digestion lorsqu'elle va dans un restaurant chinois. J'aime la musique classique, mais la radio ne diffuse que de la musique de variétés, etc.» Cette peur d'affronter l'autre en manifestant nos propres goûts, pour ne pas les imposer, renforce chez chacun des partenaires, l'inclination à obéir à l'ordre secret inscrit dans les cœurs depuis l'enfance: «N'exprime pas tes désirs.»

Par contre, face à l'autre, nous prenons les devants pour satisfaire ses désirs en Sauveur[1] et de cette façon, nous emmagasinons des ressentiments au fond de nous-même. Un jour, notre position de Sauveur se renversera pour ne faire émerger en nous que la position inverse de Victime. Victime qui continuera peut-être à se taire un certain temps, mais qui finira

---

1. Karpman explique ainsi la permutation des trois rôles fondamentaux, Victime, Persécuteur et Sauveur, qu'on rencontre dans le «drame» de la vie: «En analyse dramatique», il suffit des trois rôles pour décrire les retournements affectifs dont se compose la pièce. Ces trois rôles d'action, à distinguer des rôles d'identité cités ci-dessus, sont le Persécuteur, le Sauveur et la Victime. La pièce commence dès que les rôles sont définis ou dès que le public prévoit leur mise en place. Il n'y a pas de drame sans renversement de rôles. On peut composer un plus grand nombre d'événements, et une même personne peut jouer deux ou trois rôles à la fois. Dans les jeux plus simples, il y a un renversement majeur, c'est-à-dire que, par exemple, dans «j'essaie seulement de t'aider», on observe une rotation (dans le sens inverse des aiguilles d'une montre). Dans le triangle dramatique, la victime devient Persécuteur, et le Sauveur, victime.

Les «drames du couple» comprennent habituellement trois types de jeux définis qui se combinent, chacun démarrant à partir d'un certain rôle.

Le jeu	Le rôle essentiel
Botte-moi les fesses.	Victime
Cette fois, je te tiens, salaud!	Persécuteur
J'essaie seulement de t'aider.	Sauveur

Le tout s'enclenche quand le partenaire qui amorce le jeu «botte-moi les fesses» amène son conjoint, en le manipulant, à lui «donner un coup de pied.» La pompe est amorcée... les autres rôles sont prêts à surgir. (Adaptation de *Naître gagnant*, pages 92 et 93.)

par se transformer en Persécuteur, car elle ne pourra plus se contenir. La dernière goutte d'eau aura fait déborder le vase des frustrations accumulées.

Que faire?

Pourquoi décrivons-nous ce mécanisme à double détente: refouler la prise de conscience de ses désirs et ne pas les exprimer? Pour y faire face. Comment aller contre cet ordre secret inscrit au cœur de nous-même?

Une seule solution. Exprimer avec clarté et avec le plus grand tact possible son désir. Sans essayer de se demander ce que l'autre pense. *A fortiori* sans attribuer à l'autre ces pensées toutes faites qui nous arrangent si bien pour nous taire. Chacun des deux, dans son propre langage, doit dire à l'autre: «Je me sens suffisamment en sécurité avec toi pour oser te demander ce dont j'ai envie. Lorsque tu me refuses quelque chose, cela ne met pas en péril l'Enfant qui est en moi et qui se laisse aller à ses pulsions et à ses désirs, qui exprime ses besoins. Ce n'est qu'une étape de l'aménagement de notre relation, qu'une manière d'organiser le temps pour savoir si c'est maintenant ou plus tard que mon souhait sera satisfait.»

Il faut, par exemple, qu'après avoir lu ce passage, l'un et l'autre mettent au point l'accord suivant: si toi comme moi, moi comme toi, nous nous mettons à l'abri de ce bouclier et nous nous y sentons protégés, nous ferons confiance à l'Enfant créatif en nous. Nous nous autoriserons à écouter nos désirs, à laisser monter et s'épanouir nos besoins: «Touche-moi», «Écoute-moi, j'ai des choses à te dire»; «Dis-moi que tu m'aimes»; «Serre-moi dans tes bras», etc.

Il n'est pas évident qu'on se sente très rapidement libre d'agir de cette façon. On se trouvera souvent face à un mur, à un blocage. L'anxiété, l'angoisse déferleront sur nous. Si l'autre refuse, au lieu d'accepter, nous serons triste ou nous serons agressif.

S'il s'agit de quelque chose à réaliser dans le foyer, qui fasse l'objet d'une demande, il n'est peut-être pas évident pour l'autre que ce soit à lui de le faire ou qu'il doive y coopérer. La partie Adulte, en nous, doit donc utiliser une argumentation calme et sereine qui ne soit pas une simple logique justificative. Si l'on ne peut tout obtenir, il faut savoir faire des compromis constructifs: tout cela s'apprend.

Il n'empêche que l'Enfant, en nous, passera et repassera par ses peurs primitives, mais que celles-ci peuvent être atténuées par l'attention vigilante qu'il se porte à lui-même et que l'autre peut lui porter; par le soin que l'un et l'autre mettront à décaper la relation de toute la gangue primitive qui corsète l'expression du besoin. Un réflexe est presque nécessaire à chacun des partenaires: se demander sans cesse quelle est la trace du passé dans ce présent que je vis. Cela pour bien distinguer, l'un de l'autre, présent et passé.

Chaque expérience nouvelle, qu'elle soit un échec ou une réussite, doit être analysée et elle doit servir à renforcer la détermination de balayer le passé et de vivre dans l'instant présent. Quant aux récriminations du Parent Critique[1] et

---

1. Le Parent Critique émane du Parent à préjugés :

L'état du moi Parent tend à accumuler les opinions sur la religion, la politique, les traditions, les rôles sexuels, les styles de vie, l'éducation des enfants, l'habillement convenable, la façon de parler et toutes les formes de scénarios culturels et familiaux. Ces opinions, souvent irrationnelles, peuvent n'avoir pas été évaluées par l'état Adulte et comporter des préjugés.

Lorsqu'ils utilisent leurs préjugés avec les enfants, les parents tentent souvent d'établir des normes de comportement en se fondant sur ces opinions erronées plutôt que sur les faits. Tous les parents font des remarques porteuses de préjugés et de critiques...

Le Parent à préjugés est souvent critique. Et quand le comportement d'une personne émane du côté critique de son état du moi Parent, celle-ci se conduit en Monsieur j'ordonne, en Madame je-sais-tout qui intimide l'Enfant des enfants... On peut provoquer l'irritation ou même l'aliénation des autres en étant trop souvent un Parent Critique.

(James et Jongeward o.c., p. 116 et 117)

Sauveteur, présent en nous et bien installé dans notre scénario, il faut le faire taire. Il faut l'envoyer *ad patres,* récuser ses injonctions secrètes. Comme nous ne supprimons bien que ce que nous remplaçons, nous devons écouter notre Moi le meilleur, positif, constructif, qui nous dicte un autre comportement, celui de la clarté, de l'authenticité, de la confiance en l'autre.

C'est à ces seules conditions qu'on pourra prendre la liberté d'être **Enfin soi-même et de s'accepter tel que l'on est.**

Comme le bouton de rose, désir de lumière et parfum sous scellé, a besoin de la chaleur du soleil pour s'ouvrir et exhaler ses arômes, de même chacun des conjoints, réciproquement, a besoin de la tendresse de l'autre. Pour s'ouvrir et révéler ses désirs secrets. Pour transformer sans honte son odeur en parfum... Comme la corolle ouverte et confiante s'abandonne à l'abeille butineuse et fécondante qui se gorge de ses sucs, nous nous laisserons aller à l'intimité mis en confiance par la tendresse du partenaire. Et cette intimité rendra l'autre plus riche, plus créatif, plus apte aussi à nous rendre créatif et fécond.

Mutuelle reconnaissance et acceptation de nos désirs profonds, ces couleurs et ces parfums de notre Moi réel.

S'ACCEPTER TEL QUE L'ON EST

Derrière toutes les contorsions qui nous font agir à contre-pied de ce que nous souhaitons, qui nous rendent muets sur nos désirs, qui nous font revivre la pantomime d'un scénario mis en place aux heures dangereuses et menaçantes de nos premiers développements, il y a essentiellement la conviction suivante: «Je ne puis être accepté de mes parents, des autres, de celle que j'aime, tel que je suis.»

Une vieille histoire se cache derrière cela: «On m'a fait sentir que l'on attendait une fille et je suis un garçon ou l'inverse, on attendait un garçon, je suis une fille. On m'a fait comprendre que mon frère ou ma sœur était plus intelligent ou plus mignon, ou moins agité ou moins placide, etc. Il y avait toujours quelque chose qui contrariait ce dont j'avais envie, l'affection. J'avais tant besoin de me faire accepter que j'ai joué un jeu de rôle. J'étais la face éclairée de la Lune, recevant mon existence et ma réalité de la lumière des autres, du désir des autres. Ma face réelle et naturelle restait dans l'ombre.»

Ce rôle de composition est celui de la plupart des gens, sur des thèmes plus ou moins nombreux, réels ou imaginaires, mais il est certain qu'un grand nombre d'adultes ne sont plus capables de distinguer ce qu'ils sont en réalité du rôle de composition qu'ils interprètent.

Bien sûr, on ne peut pas être «nature» tout le temps. Pourtant, si on établit une confusion permanente entre son personnage et sa personne, entre le rôle social qu'on doit avoir, celui que la culture familiale nous a imposé et l'être authentique que nous sommes et que nous devrions faire vivre et manifester, il n'est plus possible, dans ces conditions, de réaliser l'intimité avec quelqu'un, de se laisser aller à la spontanéité.

S'accepter soi-même veut donc dire refuser la «contrefaçon» scénarique de notre personnage. Il s'agit de faire vivre dans la liberté notre Moi le meilleur. Avoir le courage de larguer les vieux oripeaux de scène. Revêtir les vêtements de l'homme nouveau, celui qui n'a pu s'exprimer jusqu'à ce jour. Accepter d'oublier l'Enfant adapté que nous sommes devenu, au profit de l'Enfant libre qui ressource en permanence notre être. Accepter cette réalité que nous occultions: nous sommes capable de penser, nous sommes capable de résoudre toutes les situations qui se présentent à nous à l'aide de l'Adulte rationnel qui est en nous.

S'accepter soi-même, c'est enfin opter pour un renouvellement des valeurs insérées en nous par le système parental. Et ce, à partir de notre choix personnel.

S'accepter soi-même, c'est donc être l'auteur de sa propre pièce. C'est ne pas laisser tirer les ficelles par d'autres que nous.

S'accepter soi-même, ce n'est pas jouer pour plaire au partenaire et répondre à d'hypothétiques désirs de l'autre, à partir d'une panoplie de rôles que l'on maîtrise à peu près. Ce n'est pas obéir à un contre-scénario qu'on a fabriqué et dans lequel on s'accepte enfin parce qu'on a rempli un cahier des charges que l'autre nous a présenté.

«Oui, je m'accepte parce que j'ai réussi, j'ai fait une carrière.»

«Oui, je m'accepte parce que je gagne de l'argent, je fais parler de moi, j'amuse la galerie, je bosse, je fais toujours plaisir aux autres, je suis là quand on a besoin de moi», etc.

Il n'est pas facile de répudier son Moi Scénarique au profit de son Moi Réel. Accepter d'être soi-même, enfin, comme une métamorphose peut nous aider à le devenir.

Au cœur même de l'intimité, je ne pourrais certes éviter d'être celui qui essaie de s'adapter aux attentes de l'autre. C'est la logique de l'intimité. Elle suppose une harmonisation des besoins, une adaptation mutuelle des désirs, des manières d'agir et de vivre, mais c'est toujours renoncer un peu à soi-même, pour accorder autant de valeur à l'autre qu'à soi. Vivre dans l'intimité, ce n'est pas vivre en solitaire, sur une île. Je ne puis disposer de moi comme si j'étais un Robinson. La joie, dans l'intimité, vient de ce que le fait d'être tout proche m'apporte des avantages plus grands que ce que j'abandonne volontairement de moi.

Cette liberté que je limite, volontairement et consciemment — abandon positif — pourra être compromise lorsque l'intimité se laissera contaminer par la symbiose et par son univers clos: alors naîtront conflits, manques, perturbations, dépendances non volontaires. La ligne de démarcation est discrète. Elle se franchit facilement. Aussi est-il nécessaire de toujours faire le point pour que dans le Nous, le Toi et le Moi soient toujours bien distincts.

Nous ne progressons dans l'intimité qu'avec cette grande lucidité. Sinon, nous risquons de toujours nous laisser embarquer par l'illusion de pouvoir apporter quelque chose à l'autre à partir de nos propres projections, à partir des désirs que nous lui prêtons, qui ne sont que les reflets des nôtres. Ce danger est d'autant plus menaçant que les partenaires d'un couple s'imaginent le plus souvent qu'il s'agit là d'amour.

En intimité et en amour, nous marchons donc toujours sur la corde raide. Je veux rester moi-même. Je veux aussi m'engager, être perçu par l'autre comme délicat, attentionné et proche. L'équilibre est difficile et nécessite des clarifications constantes.

Il faut communiquer, s'ouvrir l'un à l'autre. Se manifester ses réactions, ses besoins, ses désirs, ses luttes, ses sentiments et aussi ses fantasmes, car cet habillage ludique des désirs est une forme de tendresse des plus concrètes.

La proximité, le contact permanent ne sont maintenus qu'à ce prix. Proximité avec nous-même, proximité avec l'autre dans un processus dynamique en évolution permanente, voilà les tendres «caresses», les vivants signes de reconnaissance qui nourrissent les deux partenaires.

Il faut, bien sûr, chaque fois sur le métier remettre son ouvrage. Un ajustement de tous les instants est nécessaire. Les injonctions anciennes, sirènes rusées, nous invitent à nous laisser aller au *statu quo*. À un *farniente* qui laisse place au retour de la symbiose qui nous délitera.

Quand je ne me sens vraiment plus assez libre pour être moi-même, c'est que mes vieilles injonctions se sont remises à l'ouvrage.

MANIFESTER SES SENTIMENTS RÉELS ET NON CEUX DU «MASQUE»

Parmi les meilleurs messagers de ce que nous sommes, il y a nos sentiments. Le contact «d'être à être» ne se fait que par la médiation des sentiments. Ils sont les clignotants corporels de nos besoins, des problèmes qui se posent à nous. Ces véhicules somatiques de notre être profond ne sont pas très nombreux. On peut les ramener à cinq. Il y a la joie, la colère, la tristesse, la peur, la sexualité. C'est à partir de ces cinq modes d'expression que notre âme écrit sa partition sur l'instrument qu'est notre corps.

Lorsque ces sentiments ne peuvent pas s'exprimer dans toute leur pureté, lorsqu'ils s'intervertissent, s'étouffent, c'est que le metteur en scène secret qui réalise notre scénario intervient. Il intervient pour faire respecter les modèles parentaux, culturels, familiaux ou sociaux. Comme dans un film de série B, les sentiments deviennent stéréotypés. Un homme ne peut qu'être brave, sans peur et sans reproche. Il ne peut pas se laisser abattre, se montrer triste. Par contre, la femme, c'est la douceur et non l'agressivité. À l'homme la violence, à la femme la pitié. À l'homme la brutalité et le viol, à la femme la soumission et la pudeur. Une femme ne peut pas manifester sa sexualité, etc.

Notre script nous impose de taire nos sentiments authentiques et réels. Il nous impose d'exprimer, à leur place, ceux que nos rôles sociaux ont prévus. Ces sentiments parasites sont le résultat de la répression d'un authentique sentiment, remplacé par un autre ou par un comportement fossilisé que la culture familiale ou sociale autorise. De sentiment de substitution en sentiment de substitution, on peut ainsi aboutir à une vie complètement nouée, à un conflit permanent entre l'être le «meilleur» qui est en nous et celui qu'a forgé le microcosme familial et la société. Cela peut se manifester par des troubles psychosomatiques en concomitance avec un conflit soit externe, soit interne.

Quand Anna était petite, il lui était impossible de se laisser aller au plaisir sans entraîner la réprobation de sa mère.

Lorsqu'un jour elle la surprit à se gratter entre les cuisses avec satisfaction, elle s'écria en la secouant avec brusquerie et en lui frappant les mains: «Tu devrais avoir honte.»

Un autre jour qu'Anna mangeait goulument sa tartine et s'était barbouillé le visage de *Nutella* chez ses grands-parents, sa mère la gronda: «Tu me fais honte, Anna!»

73

Chaque fois qu'Antoine la caresse, elle étouffe le plaisir qu'elle pourrait y prendre. Une migraine lui monte à la tête, ce qui l'amène à repousser la main d'Antoine en s'excusant: «J'ai mal à la tête, Antoine.»

Il n'est pas facile, dans un couple, pour l'un comme pour l'autre, de laisser paraître des sentiments, des expressions de notre corps que nos parents n'autorisaient pas. Il n'est pas facile de déceler des sentiments, autorisés par nos parents, qui venaient en substitution aux vrais sentiments que nous vivions. Survivre nous obligeait à cet accommodement: ne pas savoir ce qui était le bon grain, ce qui était l'ivraie...

Que faire?

Les partenaires doivent conclure entre eux un accord. Se donner la permission d'exprimer des sentiments vrais, tout en restant lucides. Savoir que ces sentiments vrais, s'ils sont exprimés, heurteront les injonctions que l'autre ressent au plus profond de lui. L'un comme l'autre doivent aussi admettre qu'il est impossible de venir à bout des difficultés relationnelles sur un mode complètement renouvelé et créatif, si on ne peut s'exprimer authentiquement, si on sent que cela n'est pas permis.

Par conséquent, s'engager avec courage dans cette voie, même si c'est avec crainte et tremblements. Il n'y aura pas convergence tout de suite dans le ressenti des deux partenaires, et l'intimité risque de se briser dans la confrontation.

Avoir à tout prix, néanmoins, la volonté de maintenir le contact en permanence, de façon régulière et presque planifiée.

Pendant cette période difficile, il faudra vaincre la grande peur de l'abandon lorsque éclatent des sentiments qui paraissent inconciliables. L'émotion sera toujours frémissante, sur fond de peur et de tristesse; tristesse qui prendra parfois le visage du désespoir.

Se regarder pourtant bien en face. Vouloir, avec cet Enfant plein de fraîcheur qui vit en nous, imaginatif et créateur d'avenir, élaborer des solutions acceptables par l'un et par l'autre.

Étouffer ses sentiments, c'est faire mourir l'être vrai présent en nous, celui qui cherche à grandir, celui qui peut nous inonder de ces bouffées de tendresse qui nous gonflent la poitrine d'aise.

SAVOIR AVOIR BESOIN DE L'AUTRE

Résoudre la difficulté de l'équilibre entre la dépendance et l'autonomie n'est pas facile. Les directives secrètes du scénario que l'on rencontre le plus souvent sont: «Ne montre pas tes sentiments»; «Évite de faire confiance»; «Ne sois pas proche.» Dans bien des milieux volontaristes ou traditionnels, le message contraignant que feront passer les parents, particulièrement pour le garçon, c'est: «Sois fort», «Suffis-toi à toi-même.» Un tel message pourrait également s'adresser à une femme, surtout dans les milieux où l'on prône l'émancipation de la femme. Les magazines féminins, en particulier, sont imprégnés de cette mystique, depuis le *Deuxième Sexe*, de Simone de Beauvoir. C'est une accculturation que l'on respire avec l'air du temps.

L'idée même de dépendance fait donc froncer les sourcils et suscite un recul.

Indépendamment des subcultures prônant une mystique de l'autonomie absolue, il y a, très tôt dans la vie, des largages qui nous forcent à prendre conscience que nous ne pouvons plus dépendre en totalité de l'autre, par exemple, de la mère.

Lorsque l'enfant apprend à marcher, il vient un temps où on le laisse se débrouiller seul. Beaucoup de décisions scénariques se prennent vers l'âge de dix-huit mois. Les parents se réjouissent de nous voir nous débrouiller seuls, «comme des grands.» Alors, ils en rajoutent.

Inversement, bien des mères ont le regret de ne plus pouvoir pouponner leur enfant qui grandit. Par tout ce qu'elles font pour lui, elles lui font comprendre qu'elles tiennent à ce qu'il leur demeure attaché. Elles font tout ce qu'il faut pour les maintenir dans la dépendance.

Quel que soit le cas de figure, largage ou tutelle maintenue, tôt ou tard un dilemme se pose à chacun. À la fois désir d'être fort, autonome et en sécurité, et besoin constant, propre à tout être humain, de faire confiance aux autres, d'attendre quelque chose d'eux, d'en dépendre pour une part.

C'est cette contradiction qu'il faut gérer.

Le couple qui veut approfondir son intimité va être pris avec ce dilemme. La satisfaction de recevoir quelque chose de l'autre et d'être dépendant est troublée par la crainte d'être une marionnette dont on tire les ficelles ou par la crainte d'être un jour ou l'autre largué. Face à cette peur, nous nous replions alors sur une solution de facilité: être fort, éviter d'être trop proche. Nous nous privons d'une des gratifications qu'apporte l'intimité: savoir se prendre en charge mutuellement.

À partir de ce moment-là, le ver est dans le fruit de l'intimité. Ce durcissement étouffe la tendresse. Puisque nous n'osons pas nous rendre vulnérable en recevant trop, nous cachons nos besoins. Nous jouons au fort, nous nous sacrifions, nous nous faisons Victime: «Je me débrouillerai seul et, à la limite, j'assumerai mes frustrations.»

Ignorer cette nécessité biologique de l'indépendance dans l'interdépendance, c'est, petit à petit, mettre à mort l'intimité, chasser la tendresse. Personne n'est une île. Nier cette évidence et réprimer ce besoin que nous avons tous de recevoir quoi que ce soit de l'autre va susciter des ersatz et des sentiments parasites. Le besoin nié et englouti va fuser et réapparaître sous forme de conflits, de frustrations, de sentiment d'abandon, de vagues de tristesse et de découragement, etc.

Que faire?

Lorsque les partenaires prennent conscience — et la lecture de cette partie du livre peut les y inciter — qu'ils deviennent chatouilleux vis-à-vis de leur autonomie, qu'ils ont peur de se laisser aller au maternage de l'autre et que, à cause de cela, ils évitent l'intimité et répudient la tendresse, voulant à toute fin se débrouiller seuls, que faut-il faire?

S'ils ne veulent pas être aliénés, mais que, faisant une projection, ils ne veulent pas non plus aliéner l'autre; s'ils récusent ses demandes, ne viennent pas à son secours lorsqu'il est dans l'embarras, font la sourde oreille à ses appels à l'aide, etc. que faut-il donc faire?

Il est temps de réfléchir alors sur une certaine dégradation de la légitime autonomie. Il est nécessaire de ne pas pervertir la mise en acte toujours difficile de la liberté «vraie.» Se sentir bien et à l'aise, tout en étant dépendant. Conserver, dans ce contexte, sa faculté de penser par soi-même, de décider par soi-même, de se donner à soi-même ce dont on a besoin, voilà l'équilibre.

Nous faisions remarquer, au début de cette partie du livre, que, dans notre culture, sous l'impulsion de l'éducation, une certaine dépendance fragilisait les hommes, de telle sorte qu'ils acceptaient encore de jouer les chevaliers servants sans rien attendre en retour.

Les expressions traditionnelles ont d'ailleurs encore droit de cité. On nous parle du sexe faible et du sexe fort. Mais le mouvement de libération de la femme (M.L.F.) et la dilution des idées qu'il véhicule, dans les centaines de milliers de magazines féminins qui inondent les foyers chaque semaine, ont aussi créé, chez beaucoup de femmes, une exacerbation en ce domaine. Elles se sentent malheureuses de recevoir quelque chose d'une autre personne, que ce soit sur le plan économique ou matériel, ou simplement s'il s'agit des sentiments d'amour que leur prodigue un homme. La fidélité leur apparaît parfois comme une servitude. Si quelqu'un vous aime avec constance, ne risque-t-il pas de vous aliéner?

Si nous percevons cette menace au sein de nos relations de couple, il nous faut réagir de concert avec notre partenaire.

Accepter d'être dépendant en prenant les moyens comme un contre-poison. Choisir volontairement de recevoir. Choisir volontairement de demander, choisir volontairement de se faire proche. S'autoriser ce choix. Mais en même temps s'autoriser à le faire sans se considérer comme une Victime. Sans avoir l'impression d'accomplir un rite sacrificiel. Le faire avec joie.

Il faut en parler entre soi et dire à l'autre qu'on sait qu'il n'abusera pas. Que c'est pour cela qu'on se laisse aller à satisfaire ses besoins.

Dire à l'autre qu'on a confiance et qu'on ne se sentira pas manipulé... Que si une telle impression était perçue, on l'exprimerait clairement.

Il faut que cela soit clair pour l'un et l'autre... et que ce soit dit. Se faire dépendant de l'autre ne doit pas être une occasion pour ce dernier d'établir sa domination et de prendre ou de reprendre peu à peu tout le pouvoir.

Il est courant de dire que malgré les apparences, et même si l'homme semble «porter la culotte», c'est la femme qui a le pouvoir réel. Par les liens de dépendance qu'elle tisse autour de son mari. Grâce au confort matériel qu'elle organise. Nous reviendrons plus loin sur ce thème du pouvoir. Rappelons-nous la chanson de Juliette Gréco, sur les moyens de maîtriser les petits maris «qui s'débinent...»

La crainte que nous avons de la dépendance n'est habituellement que le reflet de celle d'être dominé ou manipulé, que l'émergence de sentiments très anciens. Ceux que nous ressentions lors des symbioses avec la mère ou avec les parents ou la fratrie. Sentiments dont nous n'avons pu nous échapper qu'à grand-peine.

Tout ce travail d'équilibrage de l'indépendance dans l'interdépendance présuppose que nous adoptions l'un et l'autre, dans le partenariat, la position de vie suivante: «Je suis *chouette*, tu es *chouette*. J'aurai quelquefois besoin de toi, parfois ce sera toi qui auras besoin de moi. Nous pouvons nous le permettre sans abandonner notre autonomie. Nous sommes deux libertés qui construisons ensemble, par l'entraide mutuelle d'aujourd'hui, notre liberté de demain.»

C'est une forme de tendresse qui nous fait alternativement nous regarder les yeux dans les yeux, ou les yeux dans la même direction, et la main dans la main, ou qui nous fait nous activer chacun dans notre sphère et nous retrouver pour partager ou pour demander l'aide de l'autre... La créativité dans la relation est le souffle qui anime cette tendresse.

ÉVITER LE DILEMME:
VAINCRE OU DÉCLARER FORFAIT

Nous avons vu, dans la partie précédente, que le pouvoir était au cœur du problème de l'acceptation des deux dépendances. L'interconnexion de tous les scénarios mis en place dans notre culture et l'interactivité de la culture ambiante sur l'éducation font que le problème du pouvoir est central. Nous vivons dans une civilisation de compétition, de haute lutte. Nous sommes tous des Prométhées qui essayons d'arracher le feu du ciel.

Malheureusement, chacun veut garder une certaine maîtrise sur l'autre. En particulier les parents sur les enfants. Il s'ensuit qu'à l'intérieur d'une boucle symbiotique où les états d'âme de l'un sont tributaires des états d'âme de l'autre, la compétition se fait agressive. Nous n'avons pas été habitué à l'autonomie, c'est-à-dire à nous donner à nous-même nos propres règles du jeu dans le respect de l'autre.

Nous portons alors des jugements du haut de notre droit à légiférer pour l'autre. «C'est bien, c'est mal. Tu t'en es quand même sorti. Tu ne t'en tireras jamais. Tu l'as emporté cette fois-ci, mais je t'aurai. Tu dois plier le genou.» Bref, c'est une partie de bras de fer continue entre les deux partenaires. Ils ne sont rassurés que s'ils sentent qu'ils ont les choses bien en main, qu'ils dominent l'autre.

79

Certes, il est légitime, dans une société qui n'est pas encore véritablement évoluée sur le plan spirituel — Bergson disait qu'il faut «un supplément d'âme» — et où domine encore le *struggle for life,* de se mettre en sécurité en se protégeant contre un entourage envahissant, dominateur. Donc d'exercer une certaine maîtrise sur l'autre. Mais, dans la vie d'un couple, où doit prévaloir l'intimité, ce qui est important, c'est d'agir ensemble, d'apporter ensemble une solution aux problèmes de la vie.

Malheureusement, si l'éducation que nous avons reçue, si les circonstances de la vie nous ont appris à ne pas pouvoir faire confiance à autrui pour obtenir les soins et la sympathie nécessaires, nous ne pourrons nous abandonner aux autres pour les laisser satisfaire nos besoins. Nous aurons toujours présent à l'esprit ce *leitmotiv*: «La vie n'est pas une partie de plaisir, seuls les durs s'en tirent. C'est s'affaiblir qu'aimer les autres. Il faut donc se battre pour avoir sa part du gâteau.»

On se rend bien compte ici que l'élément du Script important est: «Méfie-toi des autres, ne leur fais pas confiance.»

Nous avons fait précédemment allusion à un jeu théâtral, utilisé dans la vie courante. Un jeu non pas de quatre coins, mais de trois coins, le jeu du triangle dramatique. Il s'agit de prendre d'assaut, successivement, une des positions d'angle. Sous chaque rôle que nous adoptons à l'un des angles s'ébauche déjà le rôle que nous prendrons en changeant de position pour aller vers un autre angle. Sous le Sauveur, et grâce à l'aide qu'il apporte, se dessine déjà le Persécuteur. En vous sauvant, il vous fait sentir, de façon condescendante, votre besoin et votre indigence, et vous transforme déjà en Victime. Vous sentez en lui ce Persécuteur caché. Aussi, ne voulant plus être l'assisté — la Victime —, vous prenez le rôle de Persécuteur à l'égard de votre Sauveur. Il devient alors votre Victime, etc., et cela tourne sans fin.

> Rose-Marie a acheté un survêtement à André: «Tu sais que j'ai horreur du noir et tu m'as encore acheté un survêtement noir.»

(André domine en Persécuteur.) Rose-Marie se met à pleurer: «De toute façon, j'ai toujours tort avec toi.» (Elle commence à le manipuler en jouant la Victime.) André la prend dans ses bras et lui dit: «Excuse-moi, on ne va pas faire d'histoires pour un survêtement... D'ailleurs, les rayures rouges me plaisent beaucoup.» (Il reprend l'avantage en jouant au Sauveur.) «Passe-le-moi que je l'essaie.»

Ce triangle des rôles relationnels est utilisé en permanence dans la vie quotidienne. Face à la domination de l'autre, si nous sentons nos besoins vitaux en péril, si nous avons l'impression qu'on ne nous estime pas, qu'on ne nous reconnaît pas pour ce que nous sommes, avec toutes nos qualités, si on ne nous accepte pas comme nous sommes, avec les défauts de nos qualités, nous avons alors un moyen de sauver la situation et de prendre la direction des opérations. Nous nous considérons comme une Victime et nous essayons par conséquent d'adopter une des deux positions: Sauveur ou Persécuteur. Avec une prédilection pour l'un ou l'autre de ces rôles, en fonction des indications du metteur en scène secret qui réalise à chaque instant le scénario que nous avons choisi enfant.

Reprenons l'exemple précédent. Survient Françoise, la fille, qui s'esclaffe de rire en voyant son père. «Papa, tu es attifé comme un rat d'hôtel. Maman, quel choix horrible tu as fait, comme d'habitude!» (Elle prend le pouvoir en les persécutant tous les deux.) André lui répond (Sauveur de sa femme): «Comment peux-tu critiquer ta mère qui a eu la gentillesse de m'offrir ce survêtement?» (Persécuteur de sa fille) Il poursuit: «Tu ne sais que critiquer ta mère. File dans ta chambre et ne reparais pas avant ce soir.»

Là où des difficultés prennent corps, c'est que le partenaire réagit. Si son rôle de prédilection est semblable au nôtre, nous voilà en lutte ouverte. En surenchère pour jouer ce rôle. Avec des replis stratégiques dans une des deux autres positions. Toutes nos forces s'y épuisent. Notre dynamisme, au lieu de converger vers celui du partenaire, pour élaborer avec lui une solution efficace au problème posé ou encore un compromis qui satisfasse partiellement l'un et l'autre, va servir, au contraire, à conquérir la position de l'autre.

Il semble que le père et la fille s'accordent sur le fait que ce survêtement ne convienne guère à André. Il serait simple de s'entendre là-dessus et d'aller changer ce survêtement... mais la mère va voler au secours de sa fille (et jouer au Sauveur). Elle lui porte un sandwich dans sa chambre et la console. Elle revient vers son mari (reprend son rôle de Persécuteur) et lui dit: «Qu'est-ce que tu as à la bousculer ainsi, elle était pourtant de ton avis. Tu veux qu'elle te déteste?» Survient Jacques, le cadet: «Laisse donc, maman. Pourquoi toujours dramatiser? Tu ne vois pas que papa est surmené en ce moment?» (Persécute sa mère, sauve son père.)

Dans ce jeu où il s'agit de vaincre ou de déclarer forfait en s'avouant vaincu, après les braises de l'affrontement stérile, il ne reste que les cendres de l'intimité. Le goût amer de la lutte inutile. Ce combat ne se déroulera pas toujours de façon évidente. Le Script se réalisera sous la forme de sketchs, de jeux où les rôles de Victime, de Persécuteur ou de Sauveur ne seront plus aussi apparents, mais n'en seront pas moins réels.

Quand le rôle de prédilection sera d'être Victime, on jouera à «pauvre de moi»: «Tu ne m'apprécies pas à ma juste valeur», «Tu n'es jamais content.» Si c'est le rôle de Persécuteur, on jouera de la façon suivante: «Heureusement que je suis là, car tu n'es pas capable de t'en sortir, tu n'es pas assez costaud, pas assez maître de toi, pas assez doué, tu n'as pas les idées assez claires, etc.» Si on veut jouer au Sauveur, on proclamera: «Laisse-moi faire, je m'occupe de tout.» Et, de manière sous-entendue: «Tu vois, tu es un incapable, si je n'étais pas là», etc. Le Persécuteur laisse pointer l'oreille et réamorce le cycle.

Voilà ce qu'est la lutte futile pour le pouvoir. On veut camper sur ses positions privilégiées. La relation sado-masochiste s'instaure avec les pôles qui s'inversent régulièrement, alors qu'une saine émulation serait possible.

Que faire?

Là encore, il faut être très lucide. Dégager les éléments scénariques qui nous ramènent toujours à cette farandole compétitive où l'on déloge sans cesse le partenaire de sa position. La compétition saine entre partenaires, par contre, doit s'organiser sur la base de l'égalité de l'un et de l'autre. La résolution des problèmes doit s'effectuer de façon consciente, après un choix délibéré et réfléchi entre les partenaires, afin de savoir lequel interviendra. Une fois la décision prise d'agir de telle ou telle façon (l'un ou l'autre jouant tel ou tel rôle), il faut exprimer clairement que nous n'avons pas d'arrière-pensées; que nous nous sentons bien dans notre peau et que les règles du jeu sont claires, ainsi que les objectifs que nous voulons atteindre, avec tout ce qui en découle.

Mais pour en arriver à ce débat constructif, il faut avant tout que le couple décide qu'il est une chose à sauvegarder absolument: **vivre ensemble**. Cet objectif doit être bien exprimé. S'il est accepté par l'un et l'autre comme l'objectif essentiel, alors l'un et l'autre peuvent déployer leur dynamisme de la façon la plus équilibrée possible. Pour résoudre les problèmes de priorité d'action de l'un et de l'autre. Pour créer des rituels d'échange, peut-être nouveaux, mais sans fuite. Pour aménager des partages de caresses et de tendresse, de temps vécu ensemble, de plaisirs et de loisirs partagés, d'entreprises communes, etc.

Si chacun suit les règles du jeu, qui ne sont pas restées tacites mais ont été clairement exprimées, la suspicion tombe. On ne prête plus à l'autre des intentions perverses d'hégémonie, de domination larvée. Ce n'est plus la règle du bras de fer. Chacun connaît les points forts de l'autre, ses points faibles, et les accepte. Il est convenu que chacun prend sa part, dans le domaine où il se sent le plus à l'aise, de façon prépondérante, certes, mais en laissant aussi sa chance à l'autre de s'améliorer sur ce point.

Comme toujours, ce ne sera pas facile. Il faudra souvent revenir à un travail de clarification, où chacun des deux essaiera de voir quel est l'élément de son scénario qui fait pression de façon sous-jacente. Il faudra s'avouer régulièrement qu'on a cédé à ses démons familiers de compétition stérile. C'est la seule condition pour revenir à une émulation constructive, stimulante, et qui donne de la joie. Celle de la poignée de main au terme de l'effort commun, comme deux athlètes qui, après avoir lutté pour devenir chacun le meilleur, s'embrassent sur le podium, sans dédaigner l'autre.

Attention! les symbioses anciennes sont toujours prêtes à refaire surface; aussi, dans les clarifications, faut-il toujours bien séparer l'ici et le maintenant du passé qui télécommande l'action d'aujourd'hui. Il faut régulièrement prendre à nouveau la décision d'évacuer les luttes stériles. Après chaque situation ambiguë, qui laisse insatisfaits l'un et l'autre partenaires, ou l'un des deux, il faut loyalement recadrer le contexte. Examiner la situation et faire un constat honnête, pour faire redémarrer la «vie ensemble» de façon constructive, dans l'ambiance nourricière de la tendresse.

COPILOTER LA VIE COURANTE
OU SE METTRE À LA REMORQUE DE L'AUTRE

En relation de symbiose, l'un est toujours à la remorque de l'autre. Être en symbiose, ce n'est pas partager les mêmes goûts. Ce n'est pas réaliser ensemble les mêmes choses. L'un se substitue à l'autre, qui devient passif et démissionne de sa responsabilité.

Les membres du couple ne sont jamais en même temps dans le même état du Moi. Si l'un materne ou paterne, l'autre se laisse pouponner, prend le rôle suradapté d'assisté. La situation peut, bien sûr, se renverser.

Le corollaire, c'est qu'à chaque étape de la vie, lorsqu'il y a une décision à prendre, l'organisation de la décision est toujours déséquilibrée. Soit sans s'en rendre compte, soit en pleine conscience, l'un des deux membres du couple fait relâche et ne participe plus à la décision. L'autre prend les rênes, lui se suradapte. Comme dans une course à relais, l'un ou l'autre prend le manche à tour de rôle, jamais en même temps. Il y a comme une entente tacite pour que l'un joue le Parent pouvant tout, et l'autre, l'Enfant qui ne peut, mais...

84

On retrouve le triangle dramatique dont nous parlions précédemment. Il y a comme un contrat entre un Sauveur plein de bonnes intentions ou, sous ce Sauveur, un Persécuteur en position de suprématie, avec, de l'autre côté, la Victime, contente de l'être.

Bien sûr, si par l'agencement de notre scénario, le rôle de Sauveur est notre rôle préféré, nous donnons le pas à la réalisation des besoins de l'autre, niant les nôtres propres. Nous croyons que c'est la monnaie d'échange nécessaire pour obtenir les caresses de l'autre, pour qu'il nous accepte et ne nous abandonne pas. Nous avons peur, si nous agissons différemment, de ne plus exister. Nous subsistons grâce à notre «mission»: protéger l'autre, subvenir à ses besoins.

Si nous privilégions le rôle de Persécuteur, nous ne nous sentons à l'aise que si nous sommes en position de domination, de pouvoir.

Si le metteur en scène secret nous a distribué un rôle de Victime, notre script nous rend gauche et malhabile afin d'attirer l'attention de l'autre et son aide. Sinon, comment en sortirions-nous? Là encore, nous croyons que, sans cette aide de l'autre, nous n'existerions plus.

S'instaure alors une dialectique, aux angles arrondis, du Maître et de l'Esclave. D'un Maître qui, ayant peur de perdre son pouvoir, devient craintif. D'un Esclave, consentant, certes, mais qui, petit à petit, s'emplit d'amertume et accumule les ressentiments, puis cherche à renverser la situation.

Cette entente subsiste vaille que vaille, mais vient le jour où la Victime, par un concours de circonstances, ou parce que le vase est plein, peut renverser la vapeur, et tout le système s'effondre.

La relation entre alors dans le chaos et risque de sombrer. L'occasion de ce renversement peut être une thérapie mal intégrée ou une circonstance quelconque où la Victime, longtemps étouffée dans son rôle d'exécutant passif ou celui, plus agréable, de bénéficiaire soumis, se sent devenir le démiurge capable d'imposer à l'autre les nouvelles règles du jeu et secoue le joug. Cette ancienne Victime dit à l'autre: «Soumets-toi à mes décision ou démets-toi.» Il y a là une vengeance inconsciente de Persécuteur à nouvelle Victime.

Marion participe à un groupe de squash en soirée... Après l'entraînement, elle prend une consommation avec ceux qui peuvent rester, la plupart célibataires. Elle est limitée, de toute façon, car elle doit rentrer en banlieue par le dernier métro. Cette contrainte lui pèse, car les autres font des prolongations.

Elle voit que Pierre, avec lequel elle amorce un mouvement de distanciation, supporte mal cette solitude du mardi soir... Aussi accepte-t-elle (en Victime) de se limiter et elle ne reste que de temps en temps avec la bande.

Un soir qu'elle n'est pas rentrée après l'heure du dernier métro et qu'on annonce à la radio la grève sur celui-ci à partir de minuit, Pierre s'inquiète et se demande comment il peut la dépanner pour rentrer... Où aller la chercher? Il téléphone chez une copine de Marion qui fait partie de son groupe et rentre souvent avec elle. Personne. Il téléphone au moniteur pour savoir comment elles ont fait face à la difficulté. Celui-ci lui dit que Marion n'est pas venue à l'entraînement ce soir-là.

Crise de confiance de Pierre. D'autant plus que Marion, en rentrant, lui parle du match comme si de rien n'était. Ce n'est qu'après un certain temps qu'il lui dit ce qu'il sait.

Depuis, systématiquement (se transformant en Persécuteur inconscient peut-être), Marion rentre par le dernier métro. Que fait-elle? Pierre ne croit plus à ses explications quand elle en donne (et reste ainsi positionné dans son rôle de Victime).

Il est clair que, dans ces conditions, le couple risque de sombrer.

Naturellement, ce n'est pas dans tous les domaines que l'un est le Sauveur ou le Persécuteur et l'autre, la Victime consentante. Selon tel ou tel domaine, il peut y avoir une sélectivité des rôles.

Que faire?

Avant tout, comme toujours, prendre conscience qu'il n'y a pas de partage.

Il faut analyser les rôles tenus dans ce triangle dramatique et vouloir assumer ensemble la responsabilité d'un certain nombre de décisions à prendre dans la vie courante. Quand on a bien compris le mécanisme de ce triangle, mis en évidence par Karpman, il est facile d'identifier les positions de l'un ou de l'autre au jour le jour. Puisque gouverner c'est prévoir, on peut prévenir les dérapages en mettant en place un dispositif d'alerte, qui consiste à mettre en garde le partenaire lorsque se crée une situation risquant de déclencher le mécanisme. Par exemple: lorsque l'un prétend être incapable de faire quelque chose ou se sent tel; quand l'autre prend une décision sans la communiquer et que le partenaire se sent ignoré; quand l'un des deux semble submergé par les activités, les responsabilités, le travail.

Pour rompre ces mécanismes, il faut, là encore, la lucidité des deux partenaires et leur véritable résolution de débrancher l'appareil qui les fait tourner autour du triangle. Il faut absolument prévenir l'autre qu'il n'y a plus partage. C'est absolument nécessaire lorsqu'on veut casser la symbiose.

Dès les premiers temps, l'un comme l'autre se sentent mal à l'aise de ne plus jouer leur rôle classique. Il leur faut discuter ensemble de leur inconfort psychologique. La peur, pour l'un, que les choses ne soient pas faites. La peur, pour l'autre, de ne pas y arriver ou d'être écrasé par la responsabilité. Ainsi, en fonction des circonstances, être assez souple pour rétablir l'ordre ancien, mais dans la clarté, sans utiliser une relation de dominant ou de dominé. Faire usage, à la place, d'un principe de réalisme employant les compétences de l'un ou de l'autre. Par exemple, celle de savoir prendre une initiative au bon moment.

Bien sûr, il est absolument nécessaire que les deux membres du couple soient conscients de ce déséquilibre des rôles et veuillent, l'un comme l'autre, faire face à la situation. En cas contraire, si l'un des deux veut sortir de la symbiose, il aura à affronter à la fois la résistance de son partenaire et aussi les directives secrètes de son propre scénario, qui tente toujours de refaire surface. Il peut, certes, s'émanciper de ses Parents Intérieurs qui lui dictent la conduite à tenir, et devenir de la sorte autonome, se sentir en sécurité et capable de marcher seul vers son objectif. Il doit, en même temps, résoudre le problème de sa relation avec le partenaire qui résiste et veut se maintenir dans la position ancienne. C'est à ce moment-là qu'il a besoin d'un tact extrême pour faire accepter à l'autre le changement, de façon progressive, sinon la relation risque de se briser. Le rôle stratégique de la tendresse est à ce moment capital.

S'il n'est pas capable d'amener l'autre à un changement progressif, il doit accepter de vivre avec le déchirement que représente la conscience de faire souffrir l'autre par nécessité. Mais c'est un peu une fuite, car il ne faut jamais renoncer à faire évoluer le partenaire. On ne saurait trop insister sur le rôle de la tendresse dans ces circonstances.

Malgré toutes les difficultés, on peut toujours espérer copiloter la vie courante du couple, sans que l'un traîne l'autre en remorque. Si l'on est obligé de passer par une période transitoire où l'on doit prendre, encore seul, un bon nombre de décisions, il faut les faire connaître à l'autre. Il faut lui indiquer le pourquoi des choses. Sans cesse lui tendre la perche pour qu'il prenne, petit à petit, des décisions là où il a compétence, contrairement à ce qu'il pense.

Dans ces situations, la tendresse prend la forme de la patience.

S'ATTELER À DEUX
POUR DÉSENSABLER LA RELATION

L'objectif est que les deux partenaires se sentent coresponsables de l'ensemble des décisions de la vie commune. C'est surtout vrai de la gestion de la relation. Il est capital, lorsqu'on veut faire changer les choses, de ne pas se jeter à la figure tous les échecs, toutes les souffrances intérieures ressenties, toutes les perturbations psychologiques qui troublent la relation.

Bien souvent, on s'en tire par une pirouette en disant: «C'est ton problème.» C'est une façon de se désinvestir de la responsabilité de sa relation avec l'autre. C'est un subterfuge pour s'abandonner à son égocentrisme.

Il faut que l'un et l'autre membre du couple soient prêts, au contraire, à investir énormément de temps et d'énergie pour clarifier, purifier, abandonner ou même rénover tout ce qui bloque l'intimité.

Renvoyer la responsabilité à l'autre montre qu'un blocage persiste au chapitre de la relation et que ce blocage prend comme toujours sa naissance dans le message secret du réalisateur caché de notre scénario.

Dans notre Moi scénarique, un personnage prend souvent un rôle actif, le personnage du Parent Critique. Son rôle est souvent destructeur, et le sketch qu'il aime jouer est le suivant: «Si ce n'était pas à cause de toi, telle ou telle chose ne se serait pas passée. Tu ne ressentirais pas cette souffrance si tu n'avais pas fait ceci ou cela», etc.

Qui donc en nous stimule ce Parent Critique pour qu'il rejoue son numéro? Ce n'est sûrement pas l'Enfant Libre et Créatif. C'est plutôt l'Enfant Rebelle qui n'a pas confiance en soi et ne se donne pas la permission de penser de façon constructive aux solutions du ou des problèmes. Ou simplement, il s'éternise à exprimer son ressentiment et les sentiments anciens et parasites qu'il éprouve.

Quelle est la tactique de cet Enfant, se complaisant ainsi dans son rôle de Victime? Chercher un défenseur dans ce Parent Critique qui réactive notre script, en utilisant des projections comme moyen de défense. On prête à l'autre de la mauvaise foi, des pensées un peu fourbes, de la lâcheté, etc.

Ce refus de partager la responsabilité de la relation, qui peut être alternatif, peut aussi se manifester différemment, sans agressivité apparente. Lorsqu'un problème de relation se produit dans un couple, on laisse toujours l'autre prendre l'initiative de le résoudre, ou bien on joue la passivité ou la fuite: «Je suis fatigué, laisse-moi dormir... Ce n'est vraiment pas le moment pour discuter, j'ai eu une longue journée.»

Celui qui se démet de sa responsabilité peut aussi attendre avec entêtement: «Si tu m'aimes, tu feras bien quelque chose.» Ou il boudera, dans l'espoir que sa bouderie sera le message qui autorisera l'autre à le sortir de cette impasse. Le partenaire, en constatant la chose, peut, lui aussi, s'entêter et démissionner de sa responsabilité. Alors la situation reste bloquée. Chacun se montre du doigt, on retourne au pugilat scénarique, ou alors chacun rentre dans sa coquille.

L'un et l'autre doivent agir.

Rester passif, c'est également essayer de mettre l'autre mal à l'aise. C'est lui abandonner la responsabilité de la relation, à lui seul, en oubliant que nous sommes toujours coresponsable. Nous sommes deux dans une relation.

Que faire?

Il est donc indispensable d'assumer et de partager à deux la responsabilité d'un conflit. L'Enfant Craintif, alors, au lieu de se tourner vers le Parent Critique pour le défendre, se rassurera de savoir (lorsque cela a été convenu par avance — et c'est ce qu'il faut faire — et qu'on maintient cette décision) que le partenaire est tout disposé à être attentif à lui. Qu'il est prêt à se mettre lui-même en cause, en prenant sa part de responsabilité, sans pour autant supprimer celle de l'autre. Cette attitude réciproque doit bien sûr, être convenue à l'avance et elle doit être maintenue.

Contrairement à ce que l'on pourrait croire, les conflits ne naissent pas nécessairement à propos de sujets d'une importance extrême. Des banalités de la vie courante, justement à cause de leur peu d'importance, peuvent être le champ favori de ces joutes. Que de temps perdu à chercher un coupable pour des vétilles!

Il ne s'agit pas non plus de projeter sur l'autre la culpabilité pour échapper à la condamnation qu'on porte sur soi-même. Même si l'autre nous découvre tel que nous sommes, avec nos faiblesses, il ne nous abandonnera pas. Malgré nos carences, nous devons nous sentir «OK», comme disent les Américains.

Tel que nous sommes, avec nos qualités et les défauts de nos qualités, nous sommes valable. Personne n'est parfait. Laissons notre Moi le meilleur nous prendre en charge, ce parent Nourricier actif qui nous aime comme nous sommes.

Dans un couple, lorsque les partenaires s'engagent ainsi à assumer la relation avec l'autre de façon constante, l'un comme l'autre ne se sentent jamais abandonnés. Ils envoient aux orties les vieilles programmations scénariques et ne laissent pas vagabonder leur imaginaire vers un futur où ils se verraient délaissés.

Ce qui les retient, ce sont les problèmes d'ici et de maintenant, fondamentaux pour le couple. À savoir l'échange, l'expression authentique des sentiments, la proximité de contacts psychiques et charnels, la réflexion saine et claire, l'appel à l'aide éventuel d'un tiers, si l'imagination de l'un et de l'autre fait défaut pour trouver un compromis acceptable pour les deux. Bref, tout comportement mû par la tendresse et alimentant celle-ci.

Chaque fois qu'on agit de la sorte, la confiance renaît et s'accroît. L'intimité s'approfondit. Chaque blocage, inévitable au fil de la vie courante, une fois dépassé, trouve le couple plus uni en profondeur, plus capable d'exprimer sa tendresse.

Mais il faut vraiment se convaincre de s'atteler à deux pour désensabler la relation qui s'enlise dans les ornières du temps.

ÊTRE À L'ÉCOUTE DE SOI ET DE L'AUTRE

Il s'agit ici d'une écoute véritable et en profondeur. Entendre parler en soi et en l'autre le Parent, l'Adulte ou l'Enfant. Être conscient des besoins de l'autre, de ses désirs, ainsi que des siens propres. Détecter les vrais sentiments que nous ressentons ainsi que ceux du partenaire. Dégager le Moi scénarique du Moi le meilleur, qui reste prisonnier de ce dernier.

Cette écoute, cette prise de conscience de l'autre, accroît la finesse de notre sensibilité l'un vis-à-vis de l'autre, projette une lumière authentique sur notre relation.

Pour réussir à être ainsi à l'écoute, il faut s'autoriser à avoir un regard tolérant et non agacé, prompt à capter les messages envoyés par le corps de l'autre et prêt à décrypter sous ces messages corporels les messages psychologiques sous-jacents. Capter les messages, certes, et aussi les utiliser pour faire progresser la relation.

Ce n'est pas se comporter en Enfant Adapté ou Suradapté que d'apporter à l'autre des *strokes*, des caresses qui soient celles qu'il préfère. Si l'on veut faire croître l'intimité constructive, il faut être à l'écoute des caresses préférées de l'autre et de la manière de les faire passer. Est-ce le mot, le geste, le toucher? Chacun des deux a sa préférence. Chacun aussi a des thèmes d'échange préférés. Chacun est sensible (soit en accueillant, soit en se rétractant) à tel geste, telle phrase, tel petit rite. Pour l'un, c'est la fête, pour l'autre l'anniversaire, pour l'autre encore les fleurs. Pourquoi offrir des chrysanthèmes si le partenaire ne les aime pas? Pourquoi négliger le gâteau si c'est le rite de l'enfance qui le fait fondre, même si soi-même on n'a jamais eu de gâteau d'anniversaire?

Connaître les goûts de l'autre et ses préférences, mais aussi les siens propres. Ceux qu'on a détectés en vous sans que vous en ayez eu conscience. Quelle est, par ailleurs, votre réaction aux suggestions qu'on vous fait, votre capacité à accepter d'entrer dans des habitudes qui ne sont pas les vôtres ou dans un système culturel qui vous est étranger? Quelle est votre souplesse face aux invitations sur la route de l'aventure à deux, toujours renouvelée ?

Est-ce que nous savons distinguer, pour nous comme pour le partenaire, le Moi scénarique du Moi authentique et du Moi le meilleur? Avons-nous convenu d'élaborer entre nous un système de communication qui donne l'alarme? Qui, avec tact et après accord, nous prévienne quand les manifestations de notre script programmé se mettent en route au détriment du vrai Moi?

Tout cela est absolument nécessaire pour pouvoir faire éclore l'intimité, pour que puisse s'épanouir la tendresse. Jamais la totalité des problèmes ne sera évacuée, mais ceux-ci ne doivent pas être un obstacle pour vivre l'intimité et la tendresse. Ayons cette écoute et cette conscience de l'autre, cette écoute et cette conscience de nous-même, non pas pour utiliser les données récoltées dans un but de manipulation — celle-ci entraînerait normalement la rétraction de l'autre —, mais par une utilisation concertée, pour croître l'un et l'autre. Alors tout sera possible.

Si cette écoute et cette connaissance ne sont pas faciles à mettre en place seul à seul, en face à face, dans la vie commune, il n'est pas mauvais de se donner l'aide d'un tiers, d'un ami commun nous aimant tous les deux. Certains passent par la thérapie, mais il est dangereux de faire une thérapie seul à seul dans son coin, avec des thérapeutes ayant une vision du monde différente et pouvant être, sans vergogne, les naufrageurs conscients ou inconscients du couple. C'est au mieux périlleux, car, nous l'avons vu, la symbiose nous amène à des réactions systémiques. Il est donc préférable de travailler en même temps, incorporés dans une relation thérapeutique qui traite la totalité de la relation, avec vue sur ses deux sources.

Cela peut se faire dans une thérapie systémique familiale où le thérapeute n'est pas seul, puisqu'il y a généralement un «observateur» en plus, ou dans une thérapie de groupe. Mais il faut choisir un groupe suffisamment évolué, qui ne soit pas destructeur et ne transfère pas ses «pommes de terre brûlantes» aux autres.

Il est toujours risqué de cheminer, parallèlement certes, mais avec un mur étanche entre les partenaires. Il y a de fortes chances de ne pas marcher au même pas et de se trouver en important décalage. Au point que, lorsqu'on paraît se retrouver ensemble, l'un des deux, en réalité, est au-delà de la ligne d'horizon. Dans ces conditions, on ne se voit plus, on ne peut plus se voir.

La solution d'un travail en face à face, l'un avec l'autre, loyale, en faisant confiance à l'amour qu'on a pu avoir l'un pour l'autre et en se disant que la solution de fuite est une solution de facilité, est quand même la solution la meilleure, si elle n'est pas la plus simple. C'est aussi la plus ardue et pour la mettre en place, la tendresse a un rôle éminemment stratégique et efficace.

GÉRER ÉQUITABLEMENT L'INTENDANCE

Pour faire vivre une relation, pour éviter qu'elle ne se bloque, il y a de nombreux obstacles à franchir ou à éviter. Mais une relation ne vit pas dans l'abstraction. Elle se réalise dans le quotidien et dans les mille et une vicissitudes de la vie commune. Celle-ci est donc un gisement qui recèle de multiples pierres d'achoppement, de multiples occasions de mettre en place et de réactiver la programmation scénarique. C'est donc dans le champ de cette vie commune qu'il convient d'être très vigilant.

Sortir les poubelles, conduire les enfants à l'école, gagner le pain quotidien et le dépenser en faisant des courses, choisir un lieu de vacances, etc.; chacune des activités de la vie courante peut titiller en nous un Parent Dominateur ou un Enfant Soumis.

Que ces activités quotidiennes nous apportent plaisir ou déplaisir, elles peuvent être l'occasion d'affrontements. Les circonstances dans lesquelles on décide de qui les accomplira, comment, à quel moment et si elles se justifient créent une occasion de raviver chez l'un ou l'autre les peurs primitives. On est donc sans cesse acculé à négocier, même pour des futilités.

94

Il est certain que, dans les domaines fondamentaux, l'un et l'autre peuvent avoir une culture familiale identique ou différente, ou qui a évolué différemment.

Prenons, parmi d'autres, l'exemple de l'éducation des enfants.

Il est convenu dans notre culture que c'est une prérogative de l'épouse. Cette conviction sociale peut s'enraciner fortement en elle-même, inconsciemment, si un événement extérieur l'y incite et lui en fournit le prétexte. Telle une transplantation géographique qui l'isole de sa famille et de ses amis, ou tel le fort investissement de son mari dans un travail nouveau pour lui, bousculant son ancien univers social et ses valeurs de référence, etc. Persuadée que son amour pour son enfant suffit, elle pense qu'elle trouvera instinctivement les solutions. Pour peu qu'elle ait lu le docteur Spock, elle devient intransigeante et sait comment s'y prendre avec cet enfant.

Le père, de son côté, réagit à sa façon. Parce qu'il a eu naguère une pratique de l'enseignement ou de l'éducation des jeunes, dans un mouvement de jeunesse par exemple, il a pu, à cette occasion, discuter avec les familles de l'évolution de leurs enfants. Il essaie donc de réagir à tel ou tel comportement de l'enfant, de manière à endiguer son énergie effervescente et l'expression de sa spontanéité. Il y a conflit, et son épouse alors se braque.

On peut dire, à coup sûr, que le père s'y est pris de façon maladroite et sans tact. On peut dire surtout que cette occasion de confrontation ravive les éléments scénariques de l'un et l'autre. La mère peut, par exemple, projeter sur la situation les sentiments désespérés d'abandon qu'elle a pu vivre autrefois lorsque, toute petite, elle a dû vivre seule dans une chambre d'hôpital. Ou des sentiments d'adaptation parce que le père était absent, prisonnier, infidèle, et qu'alors, seul l'amour de la mère subsistait, mais encore était-il suffisant, pour suppléer à la carence du père, etc. Des sentiments parasites naissent alors. Elle défend en même temps sa propre survie et celle de l'enfant dans lequel elle se projette. Comme sa mère a été seule et a dû savoir faire face, elle seule sait comment il faut faire avec l'enfant et doit donc le protéger. Elle sait inconsciemment comment «rendre le père absent», pour s'arroger le pouvoir sur l'éducation.

Le père fait un ou deux essais, particulièrement gauches, quand il rentre du travail, le soir, pas encore déconnecté de ses ennuis professionnels. Essais entraînant chaque fois des réactions analogues. Le père a de fortes chances de se retirer du circuit pour ménager également sa survie. La rupture de son harmonie avec son épouse, sur ce terrain fondamental, est vécue par lui comme une menace d'abandon s'il a vécu, lui aussi, à un âge clé, l'abandon d'un des parents. La mort du père ou de la mère, par exemple.

Il n'empêche que, si la mère réagit ainsi inconsciemment, mue par sa programmation secrète, elle sait très bien, dans son for intérieur, que son mari devrait intervenir. Elle lui en veut, en conséquence, d'avoir calé et de s'être replié... La rancune ou les ressentiments s'accumulent.

Par conséquent, à l'occasion de la gestion de la vie familiale, l'épouse lui jettera un jour au visage cette responsabilité. Peut-être même, sans s'en rendre compte, transmettra-t-elle sa «pomme de terre brûlante» à son enfant. Elle lui fera comprendre que son père, d'une certaine manière, l'a abandonné en ne s'intéressant pas à lui.

Ainsi, d'une génération à l'autre, le sentiment d'abandon se transmettra-t-il, pièce maîtresse du scénario familial. Il pourra se perpétuer de façon héréditaire et sera réactivé à partir de situations vécues, très différentes chaque fois.

Nous avons développé longuement une situation éducationnelle, car elle constitue un risque de conflit très explosif. Naturellement, nombre de femmes ne s'inquiètent nullement de ne pas être aidées pour élever les enfants. D'autres s'en préoccupent beaucoup, mais elles se font un point d'honneur de ne rien demander.

Les occasions de réactiver les programmations anciennes sont donc légion; occasions de faire naître des blocages relationnels, particulièrement dans le domaine de l'éducation. Elles le sont également dans un autre domaine important: le travail.

Certains hommes trouvent qu'il leur revient comme une tâche primordiale d'assumer seuls les finances familiales. Non que la femme en soit incapable, mais, dans leur esprit, elle a des tâches équivalentes de gestion matrimoniale et matérielle qui valent bien l'activité qu'ils ont à l'usine ou au bureau.

D'autres hommes, au contraire, aimeraient partager cette activité avec leur partenaire, pensant qu'il ne leur revient pas, à eux seuls, de gagner l'argent du foyer. Ils ont du ressentiment de voir que la femme se dérobe à ce partage, mais n'entendent quand même pas pousser leur partenaire dans cette direction, car ils ne sont pas prêts à négocier le partage des activités éducatives, administratives, etc., qui en seraient le corollaire. Là encore, ils peuvent accumuler des ressentiments et les lancer un jour ou l'autre au visage de leur épouse.

Pareillement, dans la gestion des dépenses. L'attitude face à l'argent est fonction de la situation vécue dans l'enfance, de l'insécurité amenée par le manque d'argent ou de la facilité associée à l'aisance financière. Là encore, de nombreuses occasions de conflits.

Autre situation conflictuelle, une culture régionale où se développe le machisme. L'homme est exigeant, il veut une maison bien tenue, des repas à l'heure, mais c'est la mère ou la femme qui doit diriger tout cela. Il ne voit pas toujours d'un bon œil qu'elle se fasse aider, comme si elle se dérobait à ses responsabilités. La femme issue de ce milieu, même si elle se sent écrasée par les tâches domestiques, n'ose rien demander, car il va de soi qu'elle doit être aux petits soins pour son mari et rester dans l'ombre. Elle devra réaliser une prise de pouvoir souterraine, secrète. Même si elle justifie à ses propres yeux son comportement soumis en pensant que toutes ces activités sont sa contribution au ménage et qu'elle doit s'en tirer seule, elle saura, en son temps, montrer à l'homme qu'en réalité il dépend d'elle.

Que faire?

En effet, que faire pour gérer équitablement l'intendance s'il n'y a pas de négociations en ce domaine? Si l'un des deux se sent exploité ou surchargé. S'il se sent un peu dédaigné, écarté des dépenses, de l'organisation, de l'élaboration des projets familiaux, etc. Alors les ressentiments s'entassent et lorsque la colère explose, elle aigrit tout le monde et n'est d'aucune efficacité pour résoudre la situation.

Chacun se replie alors sur lui-même, reconduisant l'ordre «établi», sans qu'il y ait de solution aux problèmes. On se tourne le dos, on se sépare. La rupture n'est qu'un échec qu'on peut reconduire de relation en relation.

La meilleure voie à emprunter est d'inviter l'autre à participer à l'élaboration d'une solution commune pour chacun des problèmes. Quitte à faire un peu pression sur lui, mais avec tact.

On ne peut le faire que si l'on se sent en sécurité grâce à toutes les approches que je vous ai proposées dans les parties précédentes de ce chapitre. Il faut se sentir sûr de soi, pour exprimer ce qu'on pense en ces domaines piégés et ce qu'on ressent à propos de tous les changements qu'on désire apporter à la vie commune. L'objectif est donc de mettre en place, avant tout, une façon de négocier où ni l'un ni l'autre ne se sentent en danger d'abandon, où la survie de l'autre ne se sente pas menacée.

Souvent le mécanisme est encore plus simple. Les blocages viennent d'un désaccord sur les activités qui sont censées être agréables pour celui qui les fait, l'autre étant toujours présumé choisir la bonne part, ou sur la quantité, l'autre en faisant toujours moins. Le désaccord peut aussi s'instaurer du fait qu'une tâche, dans un monde où l'argent règne, est survalorisée parce qu'elle est rémunérée. La mère ne reçoit pas de salaire pour faire la vaisselle ou repasser. Est-ce un travail qui a moins de valeur que de photocopier une circulaire au bureau, pendant la même durée de temps, et qui vaudra un salaire au mari? Tout est contaminé par les valeurs ambiantes.

Il faut donc que les partenaires, dans la relation, aient vraiment l'impression de contribuer de façon équilibrée et équitable à la totalité des activités nécessaires au couple et à la famille pour vivre, et ce, même s'il y a une spécialisation de l'un par rapport à l'autre. Il faut se sentir solidaire de toutes les tâches et les valoriser de la même façon. Cela demande beaucoup d'abnégation, de retour sur soi et de générosité. Cette attitude demande aussi la remise en cause des rôles culturels des deux sexes et la contribution de chacun pour faire évoluer nos mentalités à ce sujet. Il faut remettre en question le système des croyances parentales, qui nous ramène sans cesse en arrière et effrite les comportements nouveaux, laborieusement mis en place.

Par ailleurs, mieux les valeurs culturelles et parentales sont installées dans le scénario, plus difficile est la négociation des changements. En effet, ceux-ci font appel à la rationalité de l'Adulte en nous et non aux croyances. Ils font appel à la générosité de l'Enfant Intérieur et non à la crainte pour la survie. Il faut, dans ce cas, contourner les ruses du Parent — et même quelquefois l'intervention physique des vrais parents, qui mettent leur grain de sel dans la vie du couple — pour recadrer le rôle de chacun.

Tout compte fait, c'est l'Enfant Créatif qui résoudra les problèmes. Nous pouvons jouer astucieusement, comme d'un levier, des craintes d'abandon de ce dernier, pour lui faire imaginer des solutions aux problèmes et éviter ainsi la rupture, qui serait terrible pour lui.

Bien sûr, nous devons le faire avec lucidité et avoir conscience d'utiliser nos points faibles de façon utile et positive. Mais la force la plus dynamique qui nous aidera à voir clair et à être inventif, pour être efficace, se nourrira essentiellement de la tendresse exprimée l'un à l'autre.

CONCLUSION

En définitive, cette recherche des blocages menaçant nos relations dans le couple nous invite, pour chacun des points recensés, à nous questionner et à agir.

Nous devons dégager le meilleur Moi qui est en nous et l'exploiter au détriment du Moi scénarique qui sème la confusion, crée les affrontements et menace la relation. Pour ce faire, nous devons bien connaître nos vrais désirs et savoir les exprimer. Cela revient à s'autoriser à être soi-même et à s'accepter tel que l'on est.

Il ne faut pas avoir honte de manifester des sentiments réels et non ceux que nous nous autorisions à faire paraître pour nous protéger de l'abandon parental et capter la sollicitude des parents.

Se montrer ainsi à vif, à nu, transparent sous le regard de l'autre, c'est lui montrer qu'on a besoin quand même de lui. Il faut savoir accepter cette dépendance comme une aide pour aller de l'avant.

Avant tout, il faut sortir de ce cercle infernal qui consiste à vaincre ou à abdiquer. La lutte pour le pouvoir n'amène à rien d'autre qu'à l'exacerbation des Moi antagonistes et égocentriques. C'est la mort du couple, de l'intimité.

Pour former un couple, il faut être deux... Mais être deux pour tout, particulièrement pour piloter la vie courante et ne pas vivre la symbiose de dépendance ou de contre-dépendance: dominant - dominé, persécuteur - victime, sauveur - assisté.

Comme on copilote la vie courante, il faut aussi copiloter la relation et se mettre à deux pour sortir des ornières. Nous sommes coresponsable de cette relation, il ne faut donc pas attendre que l'autre agisse et fasse les premiers pas, en restant, pour notre part, drapé dans notre dignité.

Ce programme nécessite une très grande attention à soi-même et à l'autre, à toutes les manifestations de la vie commune. Être à l'écoute, être conscient de tout ce qui se passe dans le couple avec, comme objectif, non d'épier l'autre ou de s'épier soi-même pour se sentir minable mais, au contraire, viser à construire une relation de plus en plus profonde. Même si des obstacles renaissent chaque jour.

En définitive, c'est un problème d'équilibre des charges réciproques et des charges communes. Il faut gérer l'ensemble des activités en les valorisant toutes, sans s'arroger le mérite d'accomplir la partie la plus pénible, et se rappeler, avec le poète, que «la vie quotidienne, aux travaux ennuyeux et faciles, est une œuvre de choix qui veut beaucoup d'amour.»

Nous avons vu, en débusquant tous les obstacles, que l'arme qui pouvait nous faire déjouer toutes les embuscades était la tendresse. Elle est à la fois un moyen, mais aussi une fin, trouvant en elle-même sa propre nourriture.

Et pour l'alimenter, pour gommer tous les ressentiments que ce combat quotidien pour la victoire du couple risque de faire naître, pour panser les plaies que laisse cette lutte de chaque instant, pour réactiver sans cesse la tolérance, la compréhension de l'autre indispensables, il faut savoir puiser à cet irremplaçable réservoir de tendresse qu'est le pardon réciproque.

Chapitre III

AMOUR UN JOUR...
AMOUR TOUJOURS?

L'expression de la tendresse ne va pas de soi. Les obstacles à une relation dynamique et vivante sont légion. Nous avons pu recenser toute une panoplie d'occasions de blocages de la relation. En préalable, pour que la tendresse s'épanouisse pleinement, il faut que ces blocages disparaissent.

Nous avons vu également que la relation se structure, à court terme, dans des boucles temporelles. Au jeu des trois coins s'organisent des sketches qui, à partir d'une position de Sauveur, de Persécuteur ou de Victime, empêchent l'aiguille du temps de s'arrêter sur une phase d'intimité. Déjà, nous pouvions entrevoir le rôle du «facteur temps.»

Mais plus que pour ces tourbillons circulaires à courte périodicité, le temps exerce un rôle important à long terme. L'amour d'un jour n'est pas le même au fil des temps, ce n'est pas l'amour de toujours.

Quel est le rôle de la durée?

Pour rendre la tendresse possible, ce n'est pas contre l'érosion de l'amour causée par le temps qu'il faut lutter. Cette image classique est trompeuse. Elle semble, en effet, faire croire que l'amour est un grand monolithe. Tel le Sphinx que les vents de sable délitent et dont les traits s'estompent au fil des ans, il serait lui aussi attaqué, de la même manière, par l'inexorable morsure des jours qui s'égrènent.

Nous verrons, dans ce chapitre, que la relation amoureuse du couple suit des stades de croissance, parcourt une évolution aux étapes définissables et prévisibles. Étapes que nous essaierons de cerner[1].

Les blocages de la relation, dont nous décrivions les caractéristiques au cours du chapitre précédent, se vivent et s'incarnent, au cours de séquences temporelles caractérisées.

Le lent processus de maturation de l'amour doit passer par ces phases de développement et de croissance. «Vous serez deux en une seule chair», affirmait la *Genèse*. Avant d'arriver à cette différenciation dans l'unicité, à cette autonomie dans l'interdépendance, il y a bien du chemin à parcourir.

Ce long chemin est semblable à celui que parcourt la personne humaine pour achever son développement personnel. Elle est comme un écho du processus d'émergence psychologique de l'enfant, tel que nous l'avons décrit au début du présent ouvrage. Le couple qui se crée doit vivre, lui aussi, une évolution aux phases analogues.

Il me semble donc intéressant d'établir un parallèle entre l'évolution du couple et celle de l'enfant.

---

1. Il ne s'agit pas ici de l'amour fantasmé, tel celui des romantiques aux multiples passions, brefs brasiers successifs... celui d'un Liszt, d'un Chopin, d'une George Sand ou d'un Musset.

Il faut naturellement se garder de toute systématisation figée, mais cette comparaison peut être un bon guide pour explorer, sur l'échelle du temps, l'évolution des partenaires dans le couple.

Par ailleurs, il est important de se souvenir que le scénario de vie s'est cristallisé dans ces périodes de mise en place de la personnalité de l'Enfant. Il risque d'influencer chaque étape parallèle du développement de la relation du couple.

Ce processus de développement personnel, chaque couple semble en revivre l'écho, disions-nous. Du bon déroulement des étapes qui le constituent dépend la possibilité de voir s'épanouir la tendresse, cette caresse du cœur et du corps à un cœur et à un corps.

Comme un coureur doit savoir négocier les virages lors d'une course sur des routes sinueuses en pays accidenté, de même les partenaires, s'ils ne s'enlisent pas dans les difficultés propres à chacune des étapes, peuvent aboutir à une relation chaleureuse. Une relation riche pour l'un et l'autre, où chacun sait qu'il a droit à sa liberté, à l'expression de son Moi, à son gré, sans déprécier l'autre et sans nier une dépendance envers l'autre qu'il accepte. L'indépendance dans l'interdépendance.

Les ratés de la période infantile, qui ont mis en place des décisions scénariques stéréotypées, font que, malheureusement, pour bon nombre de partenaires, cela ne se passe pas aussi facilement.

Le passage d'une étape à une autre sera d'autant plus facile que la période du développement personnel des trois ou quatre premières années aura été féconde et équilibrée. Il dépendra également de la réussite et de la richesse de la période fusionnelle de la «lune de miel.»

Le couple aura, certes, à franchir des étapes similaires aux six étapes que l'enfant franchit pour aboutir à la construction d'une individualité autonome, mais, puisque pour qu'il y ait couple, il faut être deux, il faudra aller plus loin que pour l'individu. Il faudra en outre passer par les deux stades supplémentaires que sont l'interdépendance et la synergie.

La comparaison avec le développement naturel de l'enfant, assez proche en ce qui concerne le déroulement des phases, présentera, au chapitre de la durée des étapes, de nombreuses modulations.

Chacun des partenaires, en effet, a son idée de ce que doit être l'amour, de ce que doit être la relation. Il y projette ses désirs, ses attentes, sa vision du monde. Nostalgiques l'un et l'autre du paradis perdu qu'était la symbiose avec la mère, ils veulent également prolonger de façon indéfinie cette relation symbiotique. S'ils se maintiennent à ce niveau, par exemple, et que survienne un événement qui perturbe la symbiose, tout l'univers du couple chavire.

De plus, ce qui arrive habituellement, c'est que les deux partenaires se situent à des stades différents. L'un des deux essaie, par exemple, de maintenir la phase fusionnelle, tandis que l'autre veut s'engager dans la phase d'expérimentation, espérant que le conjoint va le soutenir dans cette situation et l'aider à réaliser quelque chose par lui-même. Le décalage fait alors naître des conflits que l'un et l'autre ont bien souvent du mal à gérer par eux-mêmes. Ils deviennent alors friands de jeux, de sketches, qui ont pour but de démontrer à l'un et à l'autre qu'ils ne sont pas OK. Chacun s'en sort avec des blessures à l'âme.

José et Hélène partagent douze années de vie commune. Depuis longtemps, Hélène se situe dans une position de vie: «Je ne suis pas OK, tu es OK», ce qui donne lieu, en cas de conflit, à un comportement du type: «Je m'en vais.» Traduction: «Divorçons.» Dans cette position, la personne s'arrange pour se sentir rejetée.

Le fait de n'avoir pas pu faire d'études supérieures, de se croire frigide, etc., a favorisé cette position. José veut l'aider à sortir de son retrait à tendance dépressive, en lui faisant reprendre ses études. Pour l'y encourager, il commence les mêmes études.

José, qui, pendant quinze ans avant son mariage, a été travailleur social, se sent obligé de prendre en charge les problèmes d'une jeune fille suicidaire qui fait — c'est habituel en pareil cas — un transfert sur lui. José pense qu'Hélène peut prendre le relais de cette aide, d'autant plus qu'elle a terminé ses études de psychologie. Mais...

Il y a un mais. Une connaissance «bien intentionnée» alerte l'épouse. Son mari entretient une relation douteuse. Suspicion.

Cette révélation réveille une dépression d'abandon chez Hélène, encore en phase de symbiose. José se défend en vain.

Dans sa position, Hélène se sent «rejetée» de sa relation avec son mari.

Entre temps, elle a l'occasion, de son côté, de se faire le «soutien» d'un ami délaissé par sa femme, en plus d'avoir subi un accident. Elle fait un contre-transfert, et sa position de vie envers son mari devient: «Je suis OK, tu n'es pas OK», qui correspond à un schème de comportement du type: «Va-t-en.» Pour échapper aux conflits, la personne, dans cette position, a tendance à contraindre l'autre au repli.

Parce qu'il est toujours amoureux de sa femme, José est amené, par ce revirement, à régresser vers une phase symbiotique, alors qu'Hélène s'en évade, avec la tendance signalée à tout larguer, même inconsciemment.

On imagine tous les jeux qui vont les meurtrir. La scène: «sans» toi, sans lui, sans elle.» «Regarde ce que tu m'as fait faire», «Cette fois, je te tiens, salaud!», «Pourquoi faut-il que ça m'arrive à moi?[1]», etc.

L'évolution de chacun des partenaires n'est pas synchrone. Chacun peut se retrouver, en franchissant les différentes étapes de son évolution, à un stade différent de celui de son conjoint. Les écarts dans le stade auquel sont parvenus l'un et l'autre peuvent être très importants. Si le couple subsiste, c'est qu'il n'y a guère plus de une ou deux étapes de différence dans l'évolution de l'un et de l'autre... Il y a rattrapage dans l'évolution, recul parfois de l'un par rapport à l'autre, dans ce processus de développement.

Nous allons parcourir ensemble quelques-unes des situations clés dans lesquelles le couple peut se trouver au cours de son processus de son développement.

Le stade d'autisme ne préside pas à la naissance du couple. Il peut apparaître à l'occasion d'une régression... Si les deux partenaires refluent vers ce stade d'enfermement sur soi de façon durable, la situation devient si conflictuelle qu'elle ne peut

---

1. À propos des jeux, il serait utile que vous lisiez le livre d'Éric Berne, Des jeux et des hommes, Paris, Éd. Stock, 1976.

se maintenir sous peine de voir le couple éclater... L'issue est rapide. La dissolution du couple ne sera évitée que par la sortie de l'un des deux partenaires de cette position. Pendant cette période, le conflit est verbal et assez éclatant. Il est quelquefois physique. On en vient aux coups.

Toute cette situation se déroule au vu de tous, et les partenaires utilisent leurs querelles pour garder leurs distances l'un par rapport à l'autre. Distance suffisante pour se sentir complètement dans leur Moi. La séparation ne leur donne pourtant ni sécurité ni sérénité. L'intimité qui la leur procurait n'est plus capable de s'établir.

Ces querelles au grand jour sont imitées par l'entourage. Elles servent de modèle aux enfants qui, entre eux, imitent les parents par mimétisme et se déchirent. Cela effarouche les parents. Ils récoltent ce qu'ils ont semé et ne peuvent que faire un constat d'échec. Cette lucidité leur fournira peut-être l'occasion de réagir et de décider l'un ou l'autre, ou l'un et l'autre, de sortir de cette position de régression. Sinon, c'est la faillite.

* * *

Dans le présent chapitre, nous évoquerons donc les cinq situations clés qui structurent les différentes phases de l'amour dans le temps et le placent face à cette réalité. Ces étapes sont aussi capitales pour la tendresse, soit qu'elles la nourrissent, soit qu'elles la mettent en péril. Nous envisagerons alors dans cette hypothèse les conditions de sa sauvegarde.

Amour qui voudrait
Que l'autre lui ressemble...

Nous allions ensemble
Comme deux couleurs qui se marient

Marie S.[1]

---

1. Ce poème, de même que ceux que vous verrez un peu plus loin dans le présent ouvrage, est de Marie S., *Le Pont de Corail*, Paris, Éd. Librairie La Méridienne.

LE DÉSIR COMMUN DE FUSION

C'est la situation qui marque le plus souvent le début de la relation. Elle représente la période de «l'amour fou.» Période pendant laquelle nous voyons l'autre à travers le halo d'une idéalisation telle que nous aspirons à être lui, nous souhaitons nous fondre en lui, car il est parfait. Nous ne formons plus qu'un seul être. Le Toi et le Moi confondus l'un et l'autre. Nous sommes persuadé de vivre tous les sentiments de l'autre, persuadé de partager toutes les pensées de l'autre. Tout est commun. Une subtile intuition nous fait sans cesse vibrer à l'unisson. Nous essayons de nous ressembler en tout, de faire presque toutes les choses ensemble. Nous nous voulons inséparables. Une légère coquetterie dans l'œil, un grain de beauté mal placé, un épi dans les cheveux sont autant de merveilles qui parent l'autre de tous les attraits.

C'est une période débordante de tendresse. Elle peut et doit être constitutive des rituels qui organiseront cette tendresse selon les gestes auxquels l'autre est sensible. Toute cette panoplie de petits «riens» qui sont autant de «sésame» capables d'ouvrir le cœur de l'autre et auxquels on pourra recourir au cours des étapes plus difficiles pour sauvegarder la relation.

Si, pendant cette période où nous exaltons l'autre au plus haut point, chacun des partenaires reçoit tous les encouragements et toute l'aide dont il a besoin pour s'épanouir selon son unicité et aller de l'avant, alors le couple peut progresser très vite. Il est capable de construire un socle solide qui servira de base aux étapes futures.

Cette période de lune de miel dure de six à neuf mois environ.

Pour beaucoup de couples qui, pendant cette période, ne reçoivent pas du partenaire les éléments riches favorables à leur éclosion personnelle et à leur développement harmonieux, il y aura un repli sur soi et sur cette position symbiotique. Cette étape, vécue en gagne-petit, va étioler les deux partenaires. Leur territoire personnel deviendra de plus en plus vague, dans les zones limitrophes. La relation de l'un à l'autre sera de plus en plus complexe et emmêlée. Le joug de l'autre se fera de plus en plus sentir et pourtant, la peur que l'autre nous quitte sera de plus en plus terrifiante et irraisonnée. Il ne sera plus question de deux «Je» fortement personnalisés, créateurs d'un «Nous» encore plus riche. Au contraire, le doute va peu à peu s'installer, au détriment des deux «Je».

Si cette sorte d'indifférenciation se maintient quelques années, il sera alors impossible de redresser la situation sans entreprendre, chacun de son côté, une réhabilitation de sa personnalité.

Pendant cette période, la peur de ne pouvoir exister en dehors du couple pousse les deux partenaires, qui craignent la séparation, à peser très lourdement l'un sur l'autre et à s'installer de façon très étriquée dans cette double symbiose.

Ils forment un front commun contre tous et s'unissent un peu contre le reste du monde qu'ils sentent les menacer. Cette muraille, qui les coupe de la réalité, la suspectant sans nuance, donne à leur relation une rigidité telle qu'elle immobilise l'un et l'autre dans leur développement.

La seule issue, à un moment donné, est la rébellion de l'un ou de l'autre partenaire ou d'un membre de la famille. Réaction qui fera une brèche dans la muraille de protection et à travers laquelle l'air frais pourra s'engouffrer. On entre alors dans une période de turbulence, car, la plupart du temps, il y en a seulement un qui se trouve près de la bouche d'aération, qui tend sa tête vers elle pour mieux respirer. L'autre, pendant ce temps, se replie frileusement dans l'enclos protecteur et cherche à retenir son partenaire. Il le tire en arrière et essaie de l'empêcher de regarder ailleurs.

Il faudra se détacher de lui dans la douceur et la patience. Tous les petits secrets, engrangés durant la phase fusionnelle, d'une mise en acte personnalisée de la tendresse ne seront pas de trop pour protéger la relation et atténuer les souffrances inévitables du partenaire.

Elle disait:

«Tu es l'arbre dont je suis.

Je n'ai pas de sens si je suis seule.»

Elle disait:

«Ma maison, elle est au creux de ton épaule.»

Et rien ne lui était sur terre

Que la chaleur de cette épaule.

Arbres arrachés, maisons emportées...

Elle est devenue

Cet arbre et cette demeure.

Marie S.

L'UN VEUT LA FUSION, L'AUTRE L'ÉVASION

Cette situation se produit lorsqu'un des deux membres du couple décroche de la phase symbiotique.

Le regard d'un des membres du couple se détourne. Se regarder les yeux dans les yeux perd de son attrait. Le partenaire qui veut s'évader redécouvre alors que le monde existe et il se tourne vers lui.

Dans presque tous les couples, lorsque cette combinaison se met en place, des tensions très violentes naissent et menacent le couple. L'harmonie que la période fusionnelle antérieure avait mise en place risque de sombrer au cours de cette phase. Bien souvent, le partenaire en mal de liberté se braque. Il est même

111

prêt à réveiller cet autisme dont nous parlions précédemment. Non seulement en lui-même mais aussi en l'autre. Chacun se contemple soi-même avec complaisance et s'apitoie sur son sort, se nombrilise. On dédaigne de faire usage de la tendresse. L'égocentrisme fait loi.

Pendant cette période, il est assez fréquent que le partenaire investisse beaucoup d'énergie dans une découverte du monde et dans des activités ou des relations ne faisant pas partie de celles du couple. Son engagement extérieur s'accompagne d'un désinvestissement d'énergie en regard de la relation avec son partenaire. Faire des choses ensemble, travailler ensemble, se distraire ensemble, et même faire l'amour ensemble, ne présentent plus d'intérêt.

C'est la phase d'expérimentation d'un au-delà du couple, tout comme le bébé veut expérimenter au-delà de sa mère et multiplie ses incursions dans le «monde».

Le désarroi de l'autre se manifeste comme dans le cas de deux personnes qui tombent à l'eau. L'une veut regagner la berge, car elle sait nager. L'autre perd son sang-froid et oublie les mouvements de natation qu'elle a pu connaître. Elle n'a qu'une seule ressource pour se sauver: se raccrocher à l'autre, risquant ainsi de la faire couler.

Face à cette panique du partenaire, celui qui souhaite l'évasion s'entête, car il se croit dans son bon droit. Il se dit, avec toutes sortes de variantes: «Qu'importe la casse! Je dois me protéger et, pour cela, faire ce dont j'ai envie.»

Il agit ainsi de la même façon que l'enfant en phase d'expérimentation, qui ne veut rien entendre et refuse l'intervention de ses parents: le cache-col autour du cou quand il fait froid, le bavoir quand il mange, etc. Il veut agir comme il l'entend, pendant tout le temps qui lui convient, à son propre rythme.

Le partenaire, nostalgique de la phase fusionnelle, ne peut supporter sa détresse et réagit avec violence. Comment retrouver le paradis perdu? Comment redonner au lien qui le rattachait à son partenaire toute sa force d'autrefois? Comment analgésier cette plaie qui s'est ouverte dans sa vie? Comment ne pas sombrer dans la dépression face à cette coupure d'avec l'autre ?

Si, à ce moment clé, la tendresse était présente...

Hélas! la plupart du temps, cette entrave mise à son évasion risque d'inciter celui qui va de l'avant à s'éloigner davantage de son partenaire. À mettre entre eux un espace encore plus grand. Tout ce que l'autre peut faire lui apparaît comme une menace à cet enrichissement nouveau qu'il appelle de tous ses vœux. Comme un lien qui l'empêcherait d'avancer. Comme un écrasement semblable à la tutelle étouffante qu'il ressentait autrefois quand sa mère freinait sa phase d'expérimentation.

Pour marquer sa détermination, il se risque alors, bien souvent, dans une autre relation, affective et sexuelle. Quelquefois, l'autre lui en a fourni l'occasion dans un accès de libéralité lorsqu'il le voyait en quête d'horizons nouveaux. Le couple a pu alors s'abandonner à des expériences d'ouverture: amis, voisins, rencontres de vacances, etc. Le partenaire libéral ressent la «largesse» de son geste inutile. Il se sent rejeté, trahi. Il est persuadé que l'autre ne l'aime plus. Sa désespérance n'arrive pourtant pas à trouver les mots pour le dire. Les mots pour exprimer la terreur qu'il ressent. En outre, très souvent, il n'ose parler ou le fait à contretemps et maladroitement. Cette peur fondamentale stimule sa colère, qui couve et s'enfle chaque jour un peu plus.

Nous disions précédemment que le danger était grand lorsque la période de fusion avait dépassé plus de deux ans et qu'il ne fallait pas grand-chose, dans cette situation, pour anéantir toute tentative d'évolution de l'un et de l'autre, et bloquer le couple à ce stade. Le danger d'une longue période fusionnelle se fait sentir également dans la circonstance présente, car elle rend malaisé tout arrangement qui permettrait à l'un comme à l'autre d'accepter la situation et de s'aider, de se soutenir mutuellement pour y faire face.

Il est pourtant important de percevoir la peur de l'abandon que ressent l'un et de soutenir l'effort d'indépendance de l'autre. La solution idéale serait que celui qui veut s'évader aide son partenaire à sortir lui aussi de cette nostalgie de la fusion et que ce dernier accepte de voir, dans la prospection que fait l'autre du monde, une invitation à prendre lui aussi son essor vers l'indépendance.

La tendresse peut aider à faire comprendre et accepter cette invitation.

L'attrait du grand large jouera-t-il? Le partenaire qui a fait le premier pas sera-t-il assez patient avec l'autre? Montrera-t-il assez de tendresse pour lui faire comprendre qu'il y a là un enrichissement auquel il se dérobe? Celui qui regrette les petits soins qu'ils se donnaient mutuellement saura-t-il présenter la constance de sa présence et de son aide non comme une obligation, mais comme une occasion facilitant l'art de vivre en commun? Saura-t-il imposer son amour, non pas à tout prix, mais comme une écoute vigilante et tendre?

L'équilibre ne pourra être maintenu que si l'on sait éviter les excès. Il y a le risque, dans la situation de fusion-évasion, de s'enfermer dans de faux-semblants. Le partenaire qui veut franchir le Rubicon fait comme s'il n'avait aucun besoin de dépendance. Quant à l'autre, à l'inverse, il fait comme s'il était uniquement dépendant de son *alter ego*. L'un comme l'autre croient avoir besoin de jouer ces rôles pour renforcer la validité de leur choix, et c'est là leur erreur.

Fréquemment, comme aucun des deux ne veut ni céder ni se désavouer, le subconscient viendra à la rescousse... Exemple: Celui qui dit à l'autre en clair: «Je peux me débrouiller sans toi, vivre très bien en dehors de toi» deviendra malade. Il pourra ainsi s'autoriser à dépendre de son partenaire qui, tendrement ou tyranniquement revanchard, sera aux petits soins, attentif et vigilant.

Il faut donc veiller avec lucidité à ne pas tomber dans une situation extrême qui mettrait le couple en péril. Nous avons vu comment procéder. Garder à tout prix, l'un vis-à-vis de l'autre, la tolérance qui appelle les cœurs à la générosité et rend plus ingénieuse la sauvegarde de la relation. La plus grosse partie de la responsabilité revient, la plupart du temps, à celui qui a franchi la barrière symbiotique. De l'habileté de son comportement dépend le maintien de ce capital d'amour qui a pu s'accumuler lors de l'étape précédente. S'il est maladroit, le couple périra. S'il est patient et se laisse vraiment enrichir par sa phase exploratoire, il saura entraîner l'autre vers une ouverture à lui-même et au monde. Son comportement équilibré sera persuasif et convaincant. L'attrait de l'évasion jouera pour l'autre aussi, et il y aura de fortes chances pour qu'on se retrouve assez vite dans une situation où l'indépendance pourra mûrir dans l'interdépendance.

Seule la tendresse peut être le maître d'œuvre de cette tolérance, de cette générosité, de cette habileté, de cette incitation à progresser.

En dehors d'elle, de déchirement en déchirement, d'entêtement de l'un en crispation de l'autre, une situation sans issue s'ébauchera. Chacun de son côté s'éloignera de l'autre. L'un et l'autre voudront vivre l'évasion. L'un pour affirmer son bon droit. L'autre comme remède à sa souffrance. Un mur s'élèvera alors entre les deux.

> *Ce dont il s'agissait*
>
> *Ce n'était pas de fuir*
>
> *À l'autre bout du monde,*
>
> *Comme elle en avait eu le désir*
>
> *Des milliers de fois.*
>
> *Mais de se retrouver elle-même,*
>
> *De rejoindre son lieu,*
>
> *De se regrouper,*
>
> *De s'unifier dans sa profondeur*
>
> *Par la recherche quotidienne de l'expression.*

Marie S.

UNE SITUATION D'ÉVASION,
POUR L'UN COMME POUR L'AUTRE

Les deux partenaires recherchent l'évasion. Ce qui les caractérise lorsqu'ils veulent expérimenter l'au-delà du couple, c'est leur crainte d'être entravés dans leur quête par quelques concessions.

Pour établir un compromis, il faut faire un pas l'un vers l'autre. Mais, à ce stade de leur évolution, ils se refusent à cela. C'est généralement dans cette situation que se trouvent les couples qui désirent divorcer. Échec où l'on se retrouve dos à dos.

Au lieu de vivre, comme l'enfant, une phase de découverte suivie d'un rapprochement, cette expérimentation externe tourne en rond.

Il est possible d'utiliser cette période pour favoriser une croissance individuelle. Les membres du couple pourraient s'aider mutuellement à grandir, à établir leur indépendance dans la compréhension réciproque et le soutien mutuel. L'expérience serait bénéfique et enrichissante pour le couple. Le plus souvent, au contraire, l'un et l'autre partenaires affichent de l'indifférence. Ils veulent ignorer ce que fait l'autre et où il en est.

Très souvent aussi, parce qu'ils sont chatouilleux de cette indépendance qu'ils conquièrent, l'un et l'autre se lancent dans des confrontations batailleuses où les susceptibilités sont à vif. Tout arrangement amiable semble menacer l'identité personnelle de chacun et cette prise de possession de soi à peine ébauchée. C'est donc, vécue au quotidien, ou bien l'ignorance de l'un et de l'autre, ou bien une guerre de tous les instants. Chacun veut, dans les apparences qui subsistent de la relation, préserver son Moi, quoi qu'il en coûte, et positionner son *ego* face à celui de l'autre.

Ignorance feinte ou lutte sans merci.

Il est aussi une autre façon de vivre cette recherche individuelle d'évasion. Pour l'un comme pour l'autre, c'est le glissement progressif vers un total désinvestissement émotionnel. Comme un *oued* s'assèche peu à peu et n'est bientôt plus que rocaille et poussière.

Les anciens partenaires, c'est-à-dire ceux qui «prenaient part» à la vie de l'un et de l'autre, ne sont plus que des êtres qui se croisent, par moments, dans la même auberge.

Paraissent antinomiques, aux deux membres du couple qui sont dans cette situation, la recherche de l'autonomie et la satisfaction du nécessaire besoin d'intimité et de proximité.

De ce fait, le secret désir d'intimité qui habite l'un et l'autre est-il étouffé par la peur archaïque d'être proche de l'autre, ce qui signifierait se laisser enfermer. N'être plus libre d'aller à la quête de son épanouissement personnel et d'assouvir ainsi ses propres besoins. On en revient alors à la loi asociale et autiste du «chacun pour soi.»

Cette autonomie à tout prix ne supprimant pas le besoin de caresses et d'intimité, chacun va chercher à l'extérieur du couple les caresses dont il a besoin, si la tendresse est absente. Alors, avec indifférence, il voit l'autre, qui n'est peut-être pas encore à la même position de retrait, souffrir de ce qu'il considère encore comme une trahison. Décidé à passer outre, le partenaire le plus éloigné est prêt à dire: «Laisse-moi vivre, ne te mets pas en travers de mes projets, sinon je te bouscule. Au besoin, je te marcherai sur le corps.»

Même si, au cours de cette période pénible, ce degré de dramatisation n'est pas atteint, il est difficile, s'il n'y a pas de compromis ni de communication volontariste, de promouvoir tout engagement mutuel, car le sens de la loyauté et du lien commun a quasiment disparu. Dans cette atmosphère, les enfants, qui ne peuvent plus profiter du rayonnement que l'échange et la tendresse entre les deux partenaires leur prodiguaient, fuient le foyer comme s'il s'agissait d'un bateau à la dérive et cherchent rapidement à faire face seuls à leurs problèmes. Ils en sont réduits à ne faire confiance qu'à eux-mêmes et à ne compter que sur eux. Les caresses qu'ils ne trouvent plus à la maison, ils iront eux aussi les chercher ailleurs... Voire dans des expériences extrêmes, tels la drogue, l'alcool, l'homosexualité, la prostitution. À moins qu'ils ne doutent toute leur vie de l'amour, de la tendresse possible, d'une relation durable.

Que pouvons-nous faire dans cette situation?

Peu de choses, si nous nous laissons dériver vers les positions extrêmes. Mais si nous avons été vigilants, l'un et l'autre, nous pouvons, dès le début de la période, nous en sortir en bridant les éclats de l'Enfant Fou en nous et en mettant aux commandes l'Enfant Créatif. Il faut utiliser ce goût de la découverte pour redécouvrir l'autre comme un continent inconnu. Comme une terre d'évasion qui peut nous offrir aussi l'air frais, la joie, le plaisir, la douceur de vivre. Il faut jeter les lunettes noires qui font de lui un oppresseur et chausser les lunettes roses qui nous feront découvrir ses côtés favorables et séduisants, car nous en avons tous.

La sauvegarde est dans le rapprochement volontariste, dans le maintien des rituels de tendresse, non comme des gestes anodins et creux, mais comme une source d'enrichissement réciproque.

Il est certain que nous pouvons éviter cette période difficile, si nous savons harmonieusement passer de la phase de symbiose, lestée de tout son poids de tendresse comme d'un miel nourricier, à la phase d'expérimentation, puis à celle de l'indépendance dans l'interdépendance.

La seule nécessité: garder sa lucidité pour éviter les écueils que nous venons de signaler et avoir la volonté de sauvegarder le couple en utilisant les réserves d'amour et de tendresse engrangés pendant la période facile de symbiose acceptée... Sans négliger la tendresse charnelle.

Il est venu vers elle

Avec son cœur meurtri,

Mais ils n'étaient pas du même pays.

Il fut son désert, sa montagne abrupte,

Le fleuve à traverser sans avoir pied.

L'amphithéâtre sans écho,

La promesse qui ne peut être tenue,

L'incommunicabilité,

La solitude.

Ni avec lui, ni sans lui...

Mais l'impasse a été le chemin

Et le buisson d'épines est devenu

Un buisson de lumière...

Et la Rose d'Or au cœur de diamant

Qu'il lui a offerte un matin de printemps

Repose dans sa main comme talisman.

Marie S.

119

L'INDÉPENDANCE DE L'UN ET DE L'AUTRE DANS L'INTERDÉPENDANCE

Cette phase est un aboutissement. Elle vient au terme d'une quête difficile dans le déroulement du temps. Elle est le fruit d'une construction ardue, patiente et persévérante. Elle n'est possible que si les deux partenaires sont arrivés à la stabilité dans la durée.

Durant cette phase, les partenaires ne sont pas guidés par le besoin d'une hypothétique survie pour participer à la relation. Cela vient de leur adhésion libre, d'un choix délibéré. L'un et l'autre assument leurs propres pensées, sentiments, comportements. L'un et l'autre sont soucieux de leur responsabilité personnelle au sujet de leurs pensées, de leurs sentiments et de leurs comportements, et ils respectent ceux de leur partenaire. Critiquer l'autre parce qu'il recherche son développement personnel ne vient même plus à l'esprit. Chacun s'intéresse à la croissance du partenaire, à ses réussites. C'est la forme que prend sa tendresse. Il l'y aide en y participant et en en favorisant les conditions. Nous sommes bien loin du jeu de sape habituel des *ego* qui s'affrontent.

Certes, les conflits restent le lot quotidien. Nous ne vivons pas, au cours de cette phase, dans une situation lénifiante. La grosse différence réside dans le fait que les conflits ne se nourrissent plus des besoins scénariques et infantiles pour mettre l'embargo sur la relation. Ils sont la résultante de deux personnalités autonomes qui essaient de construire, à travers leurs divergences, une plate-forme commune qui défiera le temps et résultera d'un compromis. Elles peuvent le faire parce qu'elles ont à leur disposition tout un arsenal de méthodes leur permettant de gérer objectivement les antagonismes. Parce qu'elles atténuent la rudesse de ces affrontements par la sauvegarde d'une tendresse élémentaire. Et quand la tendresse des mots a du mal à fonctionner, il faut absolument maintenir la tendresse du corps.

120

Échanger nos angoisses, nos incertitudes, nos faiblesses n'est plus un piège dans lequel nous nous glissons et qui se refermera sur nous plus tard, au cours d'une discussion houleuse. Face à l'autre, cette attitude ne sera pas utilisée comme un boomerang, avec tout ce que cela comporte de grisaille et de petitesse.

La régulation harmonieuse de l'intimité nécessaire, et de la non moins nécessaire distanciation, pourra s'organiser sans que soit aussitôt brandi, comme une effigie terrifiante, le fantôme de l'étouffement ou celui de l'abandon.

Pour l'un et l'autre, la relation apportera une énergie et un soutien positifs.

La proximité est nécessaire. La séparation-individuation l'est aussi. Ces besoins seront traités avec la même attention. Elle comme lui, lui comme elle, seront des êtres «debout.» Rechercher son intérêt personnel n'empêche pas d'être à l'écoute de l'autre, attentif et disponible pour être proche de lui dès qu'il en a besoin.

Lorsqu'un besoin de découverte personnelle se manifestera chez l'un, tous deux le négocieront en toute franchise et liberté. La demande exprimée clairement et directement au partenaire suscitera le respect du droit fondamental d'accepter ou de refuser. Cette réponse n'aura rien de figé et d'irrémédiable. Si le partenaire répond oui, il doit se sentir libre à un moment donné de dire: «Maintenant, je vois la chose différemment et je souhaite que cela s'arrête.»

Inversement, si le partenaire n'est pas d'accord, il peut faire un retour sur lui-même et signaler à l'autre qu'il se sent maintenant capable d'accepter.

C'est ainsi, dans la liberté réciproque et le respect de la décision de l'autre, que s'établit profondément la confiance mutuelle, que se construit un espace de sécurité pour tous les deux; espace où coexistent intimité et autonomie, tendresse du corps et tendresse du cœur.

S'il y a des enfants, ils pourront, dans cette situation, nourris par l'exemple vivant de cette relation riche, avoir, quand ils le voudront, le contact qui leur est nécessaire pour s'alimenter aux sources de leur être. Ils pourront prendre eux aussi la nécessaire distance qui leur permettra de s'enrichir, à travers la relation, hors de la famille avec le vaste monde.

Toi, mouvant, devenant,

Détruit et reconstruit sans cesse,

À la fois nouveau, à la fois le même...

Si je sais cela

Et qu'encore je t'aime

En te regardant de ce regard-là,

Alors je peux dire que l'amour est là.

Marie S.

LES DEUX PARTENAIRES VIVENT EN SYNERGIE

Lorsque l'interdépendance féconde, décrite précédemment, a pu s'établir, nous pouvons parfois accéder à la synergie. Mais nous avons vu qu'il faut se laisser du temps pour que cela advienne.

Au lieu d'œuvrer de façon permanente, chacun dans leur zone particulière d'activité, les deux membres du couple peuvent, en certaines occasions, conjuguer leurs efforts, mobiliser leurs énergies.

Un couple où les deux membres se sont ainsi entraidés à l'escalade, telle une cordée pour gravir le pic de l'amour, est capable, beaucoup plus qu'un autre, de s'engager pour servir une cause qui les dépasse, d'aller vers un au-delà de la relation et d'aboutir à cette définition de l'amour que proposait Saint-Exupéry: «S'aimer, ce n'est pas se regarder l'un et l'autre dans le blanc des yeux, c'est regarder ensemble dans la même direction.»

Il est certain que cette interactivité, qui a aidé chacun des membres du couple à devenir soi, à être auteur de soi, grâce à la compréhension mutuelle, les rend également capables d'être créatifs pour quelque chose d'extérieur à eux-mêmes. Forts de leur richesse commune, ils auront une propension quasi naturelle à déverser leur trop plein *ad extra*. À aller vers un au-delà de leur relation, qui les enrichira au cœur même de leur relation.

Les philosophes anciens disaient de l'amour qu'il était *diffusivum sui*, c'est-à-dire «de soi, diffusif.» Nous dirons «contagieux».

Ayant vécu, au cours de l'élaboration du couple, certains renoncements crucifiants à leur autisme propre, les partenaires savent qu'apporter quelque chose autour de soi, que donner au monde, est nourriture. Cette attitude remplace l'égocentrisme banalisé qui a tendance à demander sans fin: «Qu'est-ce que cela va me rapporter?»

L'unicité de chacun n'est plus vécue comme un péril pour le couple mais, au contraire, comme une complémentarité capable d'enrichir, comme un tremplin capable de faire bondir vers un horizon plus vaste.

Mais que de plaies et de bosses pour en arriver là! Que de tourmentes à affronter, que de difficultés à résoudre! La vigueur de l'union, la profondeur de l'amour vécu alors aura, au fil des ans, sa nourriture... la tendresse qui pourra faire vivre la tendresse.

Tendresse vécue au jour le jour, garante de la tendresse de tous les jours.

CONCLUSION

Il arrive que les différentes situations décrites se manifestent à l'état pur.

Des régressions peuvent également se produire.

• Ainsi, la phase fusion-évasion repassera-t-elle par des périodes fusion-fusion.

• La phase évasion-évasion, si elle ne fait pas sombrer le couple, verra souvent l'un et l'autre des membres du couple faire un retour vers la phase autiste.

• Quant au stade de maturité, d'indépendance dans l'interdépendance, il fera souvent des retours vers les autres combinaisons.

Lorsque le couple est ébranlé par un stress quelconque, par une tentation d'aller brouter dans le pré du voisin, de fuguer, des cycles répétitifs se mettent en place. Ils mettent en évidence les tendances scénariques. Ainsi apparaissent les boucles de cheminement qui passent par le conflit, le front commun contre tous, la relation dominant-dominé, le chacun pour soi à tout prix, la séparation ou la proximité. Si nous n'en interrompons pas le cours, elles renforceront leur répétitivité, s'ancrant de plus en plus dans un circuit sur lequel nous n'aurions plus aucun pouvoir.

Le stress met dans une situation de sauve-qui-peut. Il suspend comme une épée de Damoclès au-dessus de nos têtes. Alors les individus s'affrontent pour tenter de se protéger de la menace, pour travailler à leur survie. Chacun réagit comme le lui suggère l'Enfant Rebelle qui reste toujours présent en lui.

Que peut-il se passer si l'on écoute ces sirènes d'un autre âge?

Certains, sous la pression de la peur ou du besoin, se blottiront contre quelqu'un qui leur apportera la sécurité. Tout comme lorsqu'ils étaient enfants, ils ressentent toujours la peur d'être abandonnés.

D'autres, quand ils étaient enfants, redoutaient l'étouffement maternel et l'omniprésence de la mère. Ils ne se sentiront en sécurité qu'en prenant leurs distances; ce qui leur permettra un retour sur eux-mêmes, la réflexion, la mise au point sur ce qu'ils souhaitent, etc.

D'autres, encore, qui ont intégré et dominé la peur de l'abandon comme celle de l'étouffement, mettront en place, en fonction de la situation, et de façon alternative, un comportement adéquat.

Ce qui arrive le plus fréquemment, c'est que l'un des partenaires vit son besoin à contretemps par rapport à l'autre. Alors que son conjoint veut le vent du large, lui voudrait la proximité. L'un comme l'autre voulant, à travers leur désir, faire face à leurs peurs profondes. Dans cette situation, tout ce que pourra faire l'autre pour satisfaire son désir paraîtra insupportable au second.

Si Pierre se rapproche, Marion se sent dominée, écrasée: elle s'éloigne donc encore davantage. Face à cela, Pierre se sent rejeté ou abandonné. Plus Marion cherchera à prendre ses distances, plus Pierre ressentira l'étau de sa solitude.

Pour décharger leurs tensions, ils se feront une scène, à la suite de laquelle chacun se sentira mal. La scène aura pourtant contribué à sauver la construction du couple, sur la base de la sécurité et de la confiance.

Si des efforts de lucidité constants sont accomplis pour analyser de tels épisodes, si nous savons déceler, dans un tel comportement, ce qui relève de l'entourloupe ou, au contraire, ce qui est la manifestation de la peur profonde que nous ressentons et contre laquelle nous réagissons, alors un compromis est possible. Nous pouvons concilier à la fois les besoins d'intimité et de séparation, et démontrer que l'un et l'autre, nous pouvons en même temps vivre ce qui nous est indispensable, et cela au moment où nous en avons besoin.

Il est évident que, pendant la période fusion-fusion, la tendresse sera facile. Elle le sera moins au cours de la période fusion-évasion. Mais son importance restera primordiale. Elle constitue la meilleure arme pour éviter les cassures et la fuite dans la combinaison évasion-évasion.

Lors de la période d'évasion commune, une des rares chances qui permettra au couple de s'en sortir, c'est de jouer sur le fait que l'un comme l'autre n'oseront franchir tous les obstacles, tous les tabous: la tendresse physique et sexuelle restera, bien souvent, la bouée de sauvetage qui évitera, à l'un comme à l'autre, de dériver de façon irrémédiable loin de l'être aimé. C'est une des raisons pour laquelle, dans le cadre de la «thérapie» des caresses[1], il est proposé une mise en acte pratique de la tendresse sous la forme du «massage-tendresse-communication.» La main, qui communique l'intention, sait être messagère du désir de sauvegarde du couple au milieu du «lac des tempêtes», pour parler comme Mademoiselle de Scudery sur sa carte du tendre. La main sait prodiguer les attentions du cœur.

Quant à la période d'indépendance dans l'interdépendance, elle s'alimentera d'une tendresse de plus en plus spontanée. Le volontarisme des deux périodes précédentes fera place à une tendresse présente, même hors de la présence. Comme un parfum laisse un sillage loin derrière lui, la tendresse réciproque planera autour de chacun des membres du couple, et ce même pendant leur investissement hors du couple.

* * *

Quelle que soit la phase que le couple traverse, il lui sera bon, comme nous l'évoquions précédemment, de mettre en place une procédure facilitant le «contact», le symbolisant et le nourrissant pendant les périodes calmes et heureuses, le sauvegardant ou le

---

1. Voir le livre *Le corps et la caresse*, Édition Gréco.

restaurant au cours des moments périlleux. Au fil de la phase évasion-évasion, la mauvaise foi peut entraîner, à l'arrière-plan, un désir non formulé de saccager toute cette richesse commune accumulée: la lutte pour la sauvegarde du lien ou pour la cohésion d'une famille, la présence d'enfants qui nous aiment et qui aiment que nous nous aimions...

Si nous décidons en commun que, quelle que soit la situation, nous maintiendrons le contact par le toucher de tendresse, alors tous les renouveaux sont possibles.

Le massage-tendresse-communication proposé dans la partie suivante peut jouer le même rôle que la digue mise en place par le paysan hollandais, dans les *polders*, pour protéger ses terres... et même les reconquérir sur la mer.

Afin de bénéficier «totalement» de cette approche somato-psychique, les techniques de massage seront précédées:

- d'une analyse du rôle de notre moteur énergétique: la respiration;

- d'une réflexion sur l'interdépendance corps-esprit;

- d'une recommandation sur la vigilance qu'il y a à être «ici et maintenant» lors du massage, par une conscience accrue;

- de l'énoncé d'un guide pour la pratique du massage

* * *

Avant de clore cette seconde partie, nous voudrions, sous forme d'épithalame, chanter un hymne à la tendresse. En effet, ce chapitre a pu illustrer que l'*a priori* romantique «amour un jour... amour toujours» relève du mythe.

L'amour, pourtant, existe, mais il n'est pas univoque. Il se vit concrètement dans des situations multiples. Celles qui découlent du nécessaire développement des personnalités individuelles aux prises avec leur affrontement constructif. L'amour est dialectique.

Sentiment précieux et essentiel mais fragile, il ne peut subsister, à travers les écueils de la vie en couple, qu'avec une seule nourriture, la tendresse.

Paraphrasant Paul de Tarse dans sa lettre à la communauté de Corinthe, nous pourrions dire:

«Quand j'aurais l'art des mots le plus merveilleux, si je n'ai la tendresse, je suis un airain qui sonne et une cymbale qui retentit.

»Quand j'aurais une lucidité et une clairvoyance extrême, quand j'aurais une intuition et un savoir psychologique plein de finesse, quand j'aurais une confiance absolue en moi et en l'autre, si je n'ai pas de tendresse, je ne suis rien.

»Quand je distribuerai à l'autre tout mon avoir, tout mon temps, quand je livrerai mon corps aux flammes pour l'autre, si je n'ai pas de tendresse, tout cela ne me sert de rien.»

La tendresse est patiente, elle est bonne. La tendresse n'est pas envieuse ni jalouse. La tendresse n'est point inconsidérée. Elle ne s'enfle pas d'orgueil. Elle ne fait rien d'inconvenant, elle ne cherche pas son intérêt en premier, elle ne s'irrite point. Elle ne tient pas compte du mal que l'autre a pu nous faire, elle ne prend pas plaisir à l'injustice, mais se réjouit de la vérité. Elle excuse tout, elle espère tout, elle supporte tout, elle pardonne tout.

S'agit-il de la clairvoyance? elle prendra fin; l'art des mots? il cessera; le savoir psychologique? il aura son terme.

«La tendresse, elle, ne passera jamais.»

Partie III

DES MOYENS À LA TENDRESSE

Introduction

LE MASSAGE-TENDRESSE

Le massage-tendresse favorise une réappropriation de toute la personne, corps-esprit. Il a une portée holistique.

Pratiqué depuis plus de 3 000 ans, le massage était autant thérapeutique que ludique. En Occident, selon les époques, le massage était soit en faveur, soit un peu délaissé.

On a retrouvé de nos jours l'importance du toucher, soit scientifiquement sur le plan du développement normal de la personnalité, soit socialement sur le plan de la relation aux autres... Dans le cadre de la théorie de la strokethérapie, dans un au-delà thérapeutique, est assigné au massage un de ses objectifs essentiels: certes, à travers les sensations reçues, mieux connaître son espace corporel, lieu de ses échanges, comme «être au monde» — car la peau stimulée est à la fois «frontière» protégeant son identité et «contact» avec l'environnement, avec l'autre, à la fois retrait et lien —; mais aussi mieux connaître celle ou celui qui vous masse, dans une relation chaleureuse, désintéressée, sensible, caressante.

C'est surtout cet aspect de la strokethérapie, ou S.T.T.M. (Stroke Therapeutik Massage) que le massage-tendresse peut développer.

Qu'attendre du massage au plan affectif?

Nous approchons le partenaire à nu, sans ambiguïté, dans sa vérité. Les tabous et les craintes tombent. La relation devient tendre, maternante. Nous acceptons de recevoir et de donner. L'un s'abandonne, comme un enfant, avec l'ouverture de la confiance, à l'attention, à la tendresse, à la chaleur humaine de l'être présent. L'autre, pour sa part, n'ayant pas pour projet premier, même dans ce massage-tendresse, une approche «érotique», n'a pas pour dessein d'exciter, de provoquer, mais de détendre; d'où une série d'avantages physiques.

Qu'attendre du massage au plan physique?

Apaisement: Le massage-tendresse favorise la libération du stress et le relâchement des tensions à des points bien précis du corps.

Énergie: Il permet aux fatigues accumulées et aux blocages énergétiques de disparaître. Les circuits d'énergie se reconnectent les uns avec les autres. Le massage permet de se rebrancher sur l'Énergie Vitale et Cosmique.

Plaisir: Le massage-tendresse ressuscite les sensations agréables que les agressions de la vie et l'éducation ont tuées en nous. Nous ne sommes plus seulement un corps de douleur. Cet immense organe des sens, le toucher (la peau fait 2 m^2 de surface) essentiellement vital, est au service d'une approche nouvelle: le contact agréable, le contact qui fait plaisir.

Conscience du corps total: Toutes ces parties de nous-même que nous avons supprimées de notre conscience renaissent précises, diverses et unifiées.

Le massage-tendresse procure donc, comme tout S.T.T.M.[1], une réunification corps-esprit, dans la reviviscence du contact

---

1. Voir dans «Massage et art du toucher», *Le corps et la caresse*, Édition Gréco-Le Hameau.

corporel et relationnel; il peut, surtout pour le couple, redonner une âme à la relation, sur une base totale corps-esprit.

Cette réappropriation du corps total, grâce au massage, a besoin d'un investissement important, tant de la personne qui masse que de celle qui est massée. Il faut réellement être à l'écoute de son dynamisme vital, engager son souffle dans la régulation de son énergie, surtout aiguiser sa conscience de soi. Tous ces facteurs sont indispensables à la vivacité du plaisir et des *strokes* reçus au cours du massage. Richard Jakson a bien vu tout cela. Ses conseils sont en filigrane de ceux que nous nous proposons de vous présenter.

La relaxation est un préalable à tout massage fructueux. Cependant, nous n'exposerons pas ici de méthodes de relaxation, car de nombreuses publications ont été écrites sur le sujet. Par contre, nous insisterons sur trois principes de base: la vie, un tout; la respiration, source de l'énergie; la conscience de soi et les conseils pratiques, pour assurer une qualité au massage-tendresse.

Nous aborderons aussi les différentes techniques du massage-tendresse, en les expliquant à l'aide d'illustrations. Il faudait, bien sûr, pouvoir faire appel à une vision mouvante des choses... C'est l'avantage irremplaçable des ateliers de formation[1].

Redisons-le, la technique est nécessaire, elle n'est pas suffisante. Pour que le massage soit un art relationnel, et, ici, une érotique du tendre, il faut le dépasser dans une attention et un don de soi à l'autre, sans calculs et sans arrière-pensées.

---

1. Voir le chapitre final du présent ouvrage «*Où apprendre à régénérer sa tendresse*».

Chapitre I

LA VIE: UN TOUT!

Aujourd'hui, le bien-être, la vie, la bonne santé et le plaisir sont vus sous un autre angle. Les gens se sentent concernés par ces notions de vie. Est-ce un retour au passé, où chacun se prenait davantage en main dans divers domaines, de manière beaucoup plus globale et plus simple?

Cette nouvelle façon de voir les choses s'appuie sur une conception de l'homme redécouverte récemment. Conception déjà développée par Aristote, enfouie pendant une bonne partie du Moyen Âge, sous l'oppression de la philosophie néoplatonicienne et reformulée par Thomas D'Aquin. Selon cette vision des choses, nous formons un tout, une gestalt, selon Fritz Perls. Une forme complète qui a une réalité en soi avant toute intervention extérieure: l'ensemble des parties de ce tout, cette forme globale, est supérieur à la somme des parties.

Une tendance actuelle consiste à cerner un problème, à se concentrer sur lui de façon focalisée, en l'isolant. Il nous est plus efficace d'envisager l'ensemble de la situation et d'en tirer les conséquences, car l'équilibre global, en fait, se retrouve toujours très nettement du côté de la vie, de l'évolution, de la conscience du tout.

Lorsque nous intervenons, par exemple, pour initier les partenaires dans le cadre d'une formation au massage «pour couples», nous nous intéressons, dans sa globalité, à la relation des deux personnes: celle de l'épouse et du mari, ou de l'amie et de l'ami. L'équilibre entre les aspects psychologiques, mentaux et spirituels de la vie est très important. Ce n'est pas une intervention extérieure, par exemple celle d'un masseur étranger et non engagé se voulant strictement «professionnel», au sens mercantile du terme, qui peut favoriser cet équilibre. La personne massée et celle qui vit avec elle une relation interpersonnelle, dans le cadre d'un massage de type S.T.T.M. (massage strokethérapeutique), ont une grande importance dans cet équilibre et sont à même de pouvoir l'établir ou le rétablir. Caresser, même sous l'aspect codifié d'un massage, c'est aimer, accepter l'autre dans sa totalité.

L'attitude «agressive», «traumatisée», prend souvent son origine dans un déséquilibre relationnel entre soi-même, le ou les partenaires privilégiés (mari, épouse, parents) et l'environnement vécu comme un «espace vital.» Des éléments d'origine tout à fait extérieure peuvent quelquefois perturber notre équilibre, mais, en définitive, c'est parce qu'ils trouvent en nous-même une situation favorable, un déséquilibre que nous avons accepté ou entretenu. Le temps ne semble plus être à ce qu'on attribue, de façon un peu simpliste, toute difficulté, physiologique ou psychique, à une cause extérieure, **comme si nous n'avions en fait aucune responsabilité dans notre élan vital.**

L'Orient nous a rappelé que nous avions une responsabilité dans la gestion de notre énergie vitale, dans notre bien-être, dans nos capacités naturelles à nous en sortir nous-même, grâce à notre volonté d'y arriver. Cela commence à être souligné de plus en plus dans l'opinion: boire, manger, fumer, se droguer, abuser des excitants, tous ces comportements, qui ne sont indifférents ni à notre élan vital ni à l'entretien de notre énergie, dépendent entièrement de nous et non du psychologue, du médecin, des gens qui viennent de l'«extérieur» pour nous aider.

À nous donc de prendre les décisions qui s'imposent pour retrouver, préserver et maintenir cet état d'équilibre dynamique qui nous achemine vers l'avenir. À nous de renflouer le «capital caresse» dont nous avons besoin pour vivre. À nous de mettre en acte la tendresse dont nous ne saurions nous passer.

Avec Fritz Perls, la gestalt nous a rappelé que nous étions un système énergétique dynamique en évolution constante, allant sans cesse de la fermeture des boucles de nos besoins actuels, les besoins de l'«ici et maintenant», vers les besoins que la vie, demain, se chargera de nous présenter; comme dans la marche, nous allons, de rebondissement en rebondissement, vers une énergie toujours renouvelée et nécessaire au devenir... Le couple rebondissant d'étape en étape passe par des hauts et des bas, et doit toujours repartir en avant vers sa reconquête.

Nous sommes beaucoup plus que des corps matériels. Nous sommes une synergie de facteurs mentaux, psychiques, moraux, physiologiques, neurophysiologiques et physiques qui, eux-mêmes, participent de l'environnement et du social et subissent leur influence. La vision simpliste, binaire, corps et esprit comme deux réalités parfaitement isolables ou différentes, séparables, est une vision dépassée. Il faut avoir une vue systémique où la rétroaction tient une plus grande place: la civilisation de l'informatique nous l'a rappelé. Ceci est particulièrement vrai dans le microcosme qu'est le couple.

Ainsi, tenir compte de l'équilibre général des choses a ouvert la voie à une nouvelle façon d'aborder la vie et le bien-être, ainsi qu'à une nouvelle méthodologie incluant des variables importantes, négligées depuis très longtemps.

Deux tendances sont actuellement observées. La première, chercher au cœur de soi-même la raison des perturbations dans

137

ses relations avec l'autre, qu'il s'agisse d'autres personnes ou de l'environnement socioculturel. La deuxième, s'attaquer, une fois la cause trouvée, à l'éliminer par une prise de conscience **personnelle**. Naturellement, l'éducation joue un rôle décisif dans cette façon de traiter la réalité.

Les méthodes de visualisation inspirées des Simonton partent de ces principes.

L'intervenant extérieur n'a comme seule utilité que de nous aider à prendre conscience de nos possibilités et de nous fournir éventuellement les moyens, les outils dont nous avons besoin pour nous transformer nous-même, pour modifier notre façon de nous comporter, afin de rétablir l'équilibre vital.

Un des facteurs primordiaux de cette santé globale dans un couple est évidemment l'échange équilibré de la tendresse.

* * *

Menons, dans le cadre des réflexions qui précèdent, une brève réflexion sur l'application particulière de la théorie des caresses au massage «pour couples».

Dans le cas particulier du massage, le partenaire a pour rôle de favoriser cette façon d'assumer l'état du moment, d'y participer et de vivre ce développement dynamique d'un tout, toi et moi, en parfaite relation interpersonnelle.

Le recours à une stimulation-caresse dans un «corps à cœur» créateur d'unification, la mise en place d'une responsabilité partagée, lors de cet échange de caresses, postule qu'il faille continuer à gérer ensemble cette stimulation réciproque, aboutissant à l'harmonie du tout.

Cette façon d'aborder l'équilibre global psychophysique du couple demande qu'on y consacre du temps, mais les résultats sont efficaces, durables, et engagent la relation du couple à très long terme et, au-delà du couple, la relation triangulaire de la mère et du père avec chaque enfant.

Comme tout massage, ce massage «de couple» permettra à l'organisme de sécréter les hormones, les stimuli, toutes les défenses qui sont nécessaires pour assumer l'état du moment, l'état non seulement du partenaire massé, mais du masseur qui, tous deux, vivent ce développement de la vie.

Vivre ainsi le massage a un effet extraordinaire sur le corps, et cela sans aphrodisiaques ou excitants, et sans leurs effets secondaires imprévus. Mais il a aussi, sur les cœurs et sur les esprits, une extraordinaire efficacité pour restimuler l'amour du couple, pour faire revivre et amplifier la relation, pour approfondir l'intimité.

Il est important de bien percevoir que le massage, ce type de massage, est avant tout nourricier. Il permet au couple de s'assumer de façon plus indépendante. Il faut le considérer comme la source d'un état de bien-être, qui est causée par la prise en charge de chacun dans le couple. Une prise en charge réciproque de la richesse commune, fruit de l'échange.

* * *

Ce massage, globalisant et sensible, ce massage stroke-thérapeutique, exprime une vision des relations où la sensibilité sensorielle est un facteur déterminant du développement du champ de la conscience.

Cette sensibilité sensorielle s'accroît, au cours du massage, par la rétroaction verbale entre les deux partenaires. Elle vise à assumer la totalité du corps, à le vouloir global, y compris cet élément important: dans le cas du massage «pour couples», ce «nous» qui croît et qui est la vie, la source de la prolongation de l'espèce, certes, mais avant tout la manifestation psycho-charnelle de l'amour.

Les partenaires travaillent sur plusieurs registres: celui du corps, celui du cœur, celui de l'esprit, dans la conscientisation plus grande de leur corps-esprit.

139

Cette façon de voir diffère beaucoup de la perception d'un massage conventionnel, où la personne massée s'abandonne passivement à l'intervention du masseur, lui seul actif, sensé posséder la technique grâce à ses mouvements spécialisés. Il est nécessaire de trouver chez les kinésithérapeutes des massages fonctionnels qui ont un objectif précis, dans le cadre d'une intervention externe. Il s'agit pour nous de quelque chose de très différent: l'épouse qui est massée doit pleinement s'assumer. Elle est un partenaire égal et actif dans ce massage. Elle fait part de ses réactions. Elle et lui sont orientés l'un vers l'autre.

C'est une dyade amoureuse où s'établissent, par la médiation du corps, des liens à l'épreuve du temps: l'indépendance dans l'interdépendance est stimulée. Après l'avoir explorée, on découvre, chez celui qui reçoit comme chez celui qui donne, par son toucher, une relation en profondeur, une relation intime qui passe par le corps comme par le cœur. La tendresse en acte.

Cela nécessite certaines adaptations. Le donneur doit renoncer à ses projections propres, celles émanant de ses désirs personnels, pour découvrir les besoins de l'autre. Cette renonciation à soi-même et cette écoute de l'autre sont porteuses de richesse, d'enrichissements personnels: donner, c'est recevoir; accepter de recevoir, c'est donner.

Sur la trame des structures de base d'une technique, un esprit d'amour sera davantage favorisé dans le présent ouvrage. Nous voudrions que l'idée essentielle qui s'en dégage soit celle-ci: il faut accepter d'envisager son équilibre, son état de bien-être, son dynamisme vital selon une vision nouvelle; vision où notre responsabilité est engagée par la médiation de la caresse-massage. La pratique nous a montré que le S.T.T.M. est une des méthodes qui aide ceux qui s'y livrent de la façon la plus efficace, la plus consciente, la plus humaine en fait, à faire face à leurs responsabilités. Tel est le fruit d'une érotique du tendre.

Chapitre II

LA RESPIRATION, SOURCE DE L'ÉNERGIE

Respirer, c'est vivre. Lorsqu'on dit de quelqu'un qu'«il ne respire plus», cela veut dire qu'«il est mort.» Tout ce qui concerne l'équilibre, le bien-être, le dynamisme vital dépend de la respiration. La guider est un préalable à tout massage qui se veut efficace.

L'énergie qui nous habite est alimentée par une réaction chimique, une combustion interne qui s'accomplit au cours de la respiration. L'air que nous inspirons renferme l'oxygène indispensable au fonctionnement de nos cellules. Le sang véhicule cet oxygène jusqu'aux cellules.

Au niveau de ces cellules, l'oxygène entre en combinaison avec les déchets qui seront acheminés vers les poumons et expulsés dans l'atmosphère. Respirer plus ou moins, absorber plus ou moins d'oxygène dans l'organisme, modifie la qualité de notre fonctionnement. Une mauvaise respiration, liée à un mauvais fonctionnement de nos poumons, a comme résultat de limiter nos possibilités de réagir face à tous les besoins créés par notre activité.

Comment fonctionne le système respiratoire?

Les poumons emplissent la cage thoracique. Un muscle plat, mince, sépare le thorax de l'abdomen: le diaphragme. C'est le muscle le plus important pour bien respirer. Sa fonction: actionner les poumons comme des soufflets de forge. Lors de l'inspiration, ce muscle s'abaisse; un vide se produit; d'où un effet d'aspiration: l'air est aspiré. Dans les meilleures conditions, l'air est aspiré jusque dans les lobes inférieurs des poumons, au bas de la cage thoracique. Les poumons se remplissent alors normalement, c'est-à-dire du bas vers le haut.

Une fois le diaphragme arrivé à son point le plus bas, un relais s'opère. Les muscles intercostaux entrent en fonction pour dilater davantage les poumons et, par voie de conséquence, pour aspirer encore plus d'air.

Que fait notre diaphragme?

Il pèse sur l'estomac. Le ventre alors se gonfle. Nous devons aider cette dilatation du ventre, dans un premier temps, puis, dans un second temps, aider les muscles intercostaux à travailler. Cette activité devrait être un reflexe. Il faut pourtant se rééduquer en prenant les choses en main. On doit se dire: «Je gonfle le ventre; pour commencer, mon diaphragme descend, se déploie, s'aplatit, descend au plus bas et fait entrer l'air au maximum dans le bas de mes poumons. Ceci fait, je dilate ma cage thoracique en déployant mes muscles intercostaux; de cette façon, j'augmente le volume de cette cage thoracique et j'atteins ainsi le volume optimal.»

Cette façon de respirer ne nous a pas été apprise dans notre enfance. On nous a appris à gonfler d'abord la cage thoracique, un mécanisme contraire à l'objectif recherché: le diaphragme, au lieu de descendre vers le bas, d'appuyer et d'élargir l'espace pour laisser la place à l'air, se sent attiré vers le haut, s'incurve comme une voûte, diminuant ainsi le volume d'air des poumons. Dans ce processus, le diaphragme perd sa vraie fonction.

Lors d'un massage où la sensibilisation corporelle est importante, comme dans le massage-tendresse, il faut procéder, au préalable, à quelques exercices respiratoires adéquats, pour que l'oxygénation soit excellente, que le partenaire ait une sensibilité accrue et une conscience du corps plus aiguë, et qu'il ressente une profonde détente. Il faut commencer ces exercices de respiration en s'aidant de la main, sans forcer.

Il est important de suivre le rythme naturel de la personne, de veiller à ce que les opérations s'accomplissent dans l'ordre normal.

Voici une application au massage «pour couples».

Le partenaire est étendu sur le dos. Vous lui placez la main sur l'abdomen en lui demandant d'abord d'expirer, de chasser l'air. Puis, pour canaliser son inspiration, avec la main droite, si vous êtes placé à la droite de la personne, c'est-à-dire avec la main qui est sur l'abdomen, vous l'incitez à gonfler cet abdomen. Tandis que la personne massée gonfle le ventre, vous lui demandez de pousser gentiment avec son diaphragme vers le bas de son pubis. C'est une stimulation diaphragmale qu'elle envoie vers la sphère pubienne. Vous lui demandez de gonfler le ventre le plus possible. Votre main reste toujours très légèrement posée sur le ventre.

Votre main gauche, elle, se trouve au milieu de la poitrine, sur le thorax, un peu en dessous des seins. Quand le diaphragme s'est abaissé, vous enchaînez de façon souple et continue, en demandant d'élargir la cage thoracique jusqu'à la hauteur de votre main, et plus, si possible. Après cette première inspiration, vous en faites faire d'autres, mais selon le rythme choisi par la personne qui est couchée sur la table. Votre main droite continue à reposer très légèrement sur l'abdomen, mais votre main gauche vise un objectif: aider la poitrine à se gonfler, les muscles intercostaux à se déployer. Votre main gauche finit par

143

aboutir à l'épaule, presque derrière celle-ci, à un endroit qui, bien souvent, n'est jamais atteint par l'air qu'on absorbe, le sommet des poumons, leur point d'attache: les hiles.

Vous faites effectuer de la sorte quelques mouvements respiratoires à la personne, à partir du centre du corps. Vous en faites pratiquer quelques-uns en posant les mains sur les côtés.

La base de votre main droite est alors placée sur le haut de la hanche gauche, d'abord en direction des pieds. La pointe de la main gauche, elle, se trouve sur la base latérale de la cage thoracique, de façon que vous soyez le plus à l'aise possible. Vous recommencez, sur ce flanc gauche, une opération analogue à celle décrite pour le centre du corps, en tirant un peu, en jouant sur l'élasticité du corps pour que ce côté latéral de la poitrine et de l'abdomen prenne le maximum d'air possible.

Sur l'autre côté, vous faites la même chose. Vous posez vos mains de la façon la plus favorable à une extension progressive de ce côté, afin qu'il absorbe, lui aussi, son maximum d'air. C'est un exercice tout simple qui doit suivre un rythme naturel.

Entre chaque respiration complète, entre l'inspiration et l'expiration, il y a généralement une phase neutre de rééquilibrage, où le corps ne respire pas, il n'inspire ni n'expire. Respectez ce petit temps de repos, d'intégration de l'énergie nouvelle, d'harmonisation avec l'environnement.

L'exercice décrit ci-dessus doit se faire de façon détendue. Il ne faut pas stresser la personne qui se trouve sur la table en manifestant une trop grande concentration, une trop grande tension. Habituellement, on profite même de cette respiration pour faire un exercice de relaxation. C'est une technique excellente pour décontracter la personne massée, et il faut en profiter. En effet, une bonne respiration calme et détend l'organisme, aussi bien que l'esprit.

Dans ce cas, on joue avec les images, au moment de l'expiration. On aide le partenaire à visualiser cette masse d'air accumulée en lui comme dans un récipient, pendant l'inspiration; on l'aide à imaginer par où s'échappe cet air.

Pendant l'expiration, on imagine que l'air court à l'intérieur des bras, pour s'échapper par le bout des doigts, puis qu'il court dans les jambes, pour s'échapper par les orteils. On peut tout aussi bien le faire s'échapper par les ouvertures naturelles que sont le vagin et l'anus, ce qui décontracte les sphincters, que le psoas maintient habituellement en surtension dans les situations relationnelles, tout en les sensibilisant.

Visualiser également que l'air s'échappe par les narines en le sentant passer, frais ou tiède. On ressent une sensation tactile du passage de l'air par les narines. On peut imaginer aussi qu'il s'échappe comme un liquide qui se transvaserait de l'intérieur vers l'extérieur via les oreilles. Le tout est de le suggérer *mezza-voce*, d'une voix calme, une voix incitant à la relaxation, en se plaçant près du partenaire. De nombreux livres traitent de la relaxation ou de la prise de conscience du corps. Ils pourront vous guider.

Il ne faut pas oublier que la tendresse, supposant l'usage de tous les langages au-delà du langage verbal, a quelque chose de merveilleux: être à l'écoute de l'autre dans sa respiration et y accorder sa conscience. Écouter respirer l'autre et se sentir soi-même écouté pendant qu'on respire est échange de tendresse.

* * *

Notre énergie dépend de notre respiration. Même notre énergie relationnelle.

La concentration sur soi que permet cet exercice, sur ce mécanisme de combustion interne et de régénération par l'oxygène, ne doit donc pas être un dérivatif nous isolant et nous ramenant à une masse close sur elle-même. Nul n'est une monade isolée. Une vision frileuse et repliée de nous-même nous couperait de nos nourricières relations avec les autres, avec nos proches, avec l'environnement, et tendrait à nous abuser, à nous faire penser que les humains sont soumis à des lois différentes de celles qui régissent le reste de la nature et de la création.

145

Une perspective gestaltiste, au contraire, branche notre corps sur d'autres systèmes énergétiques. Ce corps vit, de façon dynamique, en changement perpétuel. Il est touché par toutes les modifications qui surviennent autour de lui, qu'il s'agisse des modifications concernant la société, les attitudes affectives des proches, les habitudes de vie. Ce qui se passe dans l'environnement a une répercussion sur nous.

La conception occidentale actuelle du corps isolé, replié sur lui-même, est une dérive de la pensée permanente de l'Antiquité. Les Orientaux pensent que circulent dans l'organisme des courants d'énergie qui sont en liaison avec l'extérieur, avec l'énergie tellurique et l'énergie cosmique. Cette énergie, ce «Ki», est présentée selon une conception bipolaire dans le tao: le Yin et le Yang. La science moderne parlerait d'énergie négative et d'énergie positive.

La physique moderne nous a appris que lorsqu'on parle de polarité, il s'agit naturellement de l'existence d'influx, de circulation d'énergie. Circulation d'énergie et aussi blocage possible de l'énergie. Tout le travail du massage consiste précisément à favoriser la circulation de l'énergie, à évacuer les blocages déséquilibrant notre centre, notre cohésion centripète, notre équilibre.

Conception d'apparence archaïque, tout à fait en accord avec les théories de la physique moderne, celle des quanta, qui considère que l'univers n'est qu'une masse d'énergie en mouvement perpétuel, en changement constant.

La thérapie gestalt insiste sur cette unité à rétablir entre le corps et l'esprit, sur cet équilibre à retrouver, sur le cercle à fermer pour que la boucle soit bouclée, sans interruption, ni blocage du courant qui circule.

Elle nous rappelle également que le partenaire que nous massons ne fait qu'un avec ses pensées, avec ses attitudes quotidiennes. Son corps, son organisme physique, n'est pas coupé de son esprit. Préoccupations psychologiques ou spirituelles ont une influence sur l'équilibre de notre corps; elles ont des répercussions sur nos pensées, nos sentiments, nos actes, notre volonté. C'est donc avec l'ensemble corps-esprit que nous entrons en relation, et il faut que cet ensemble soit relié à l'environnement.

Sachant que nos habitudes personnelles, tant physiques que spirituelles ou mentales, ont une importance très grande pour notre équilibre, ayons présentes à l'esprit, lorsque nous faisons un massage-tendresse, plusieurs réalités:

- La participation active de la personne avec laquelle nous entrons en contact et sa rétroaction sont nécessaires.

- La focalisation sur le corps seulement est stérile: penser au corps-esprit, et, dans le cas particulier du massage «pour couples», penser qu'il s'agit de relations à la fois physiques et spirituelles entre vous, les partenaires de la relation.

- Le massage interviendra sur les méridiens d'énergie. Tout le corps étant stimulé, votre énergie passera en l'autre et circulera à travers l'ensemble de ses méridiens.

- Vos mains seront les médias favorisant les stimulations nécessaires à cette circulation de l'énergie entre vous. Soyez dans vos mains lors du massage-tendresse. Faites-les parler. C'est notre outil privilégié. Vivez en elles, à travers elles.

- Lors de chaque tension, de chaque douleur, au cours du massage, revenez à la respiration. Pendant l'expiration, tensions, nœuds, douleurs s'évanouissent sans difficulté.

- Une vision curative du massage ne favorise pas celui-ci. Par exemple, penser que ce massage-tendresse va réparer les dégâts causés dans la relation ou les déséquilibres actuellement présents dans le couple n'est pas fructueux. Ayez une pensée dynamique. Voyez votre relation aller de l'avant, sans vous polariser sur le passé. Cependant, l'aspect préventif est plus important. Il s'agit essentiellement de l'échange entre un donneur et un receveur. Il y a enrichissement de l'un comme de l'autre.

• Rappelez-vous que votre massage et les stimulations qu'il comporte rebranchent votre partenaire sur le flux de caresses qui, depuis la matrice originelle, n'aurait pas dû s'interrompre. Ces arrêts ont probablement été la cause de difficultés dans votre relation. *Stroke* du corps, du cœur et de l'âme, le massage-tendresse a toujours des conséquences qui dépassent sa réalité matérielle. Il nourrit d'un plaisir total votre partenaire, en lui proposant une de ses denrées essentielles, la tendresse.

Chapitre III

LA CONSCIENCE DE SOI

Les méthodes de relaxation se proposent, à partir d'une prise de conscience de soi, de son corps, d'apaiser les tensions et d'aboutir à la détente. Pour comprendre l'intérêt de cette prise de conscience de soi, il est souhaitable, avant d'effectuer tout massage, de revivre de façon systématique cette sensibilité particulière à toutes les parties du corps. Certaines sont inertes ou inexistantes, d'autres peuvent nous apparaître comme difformes. La reconnaissance de l'autre doit se proposer de permettre à celui-ci de s'exprimer dans sa totalité corps-esprit, via la réhabilitation de tout le corps.

Une relaxation qui favorise une multitude de sensations va dans ce sens. En faisant le tour du corps, elle doit être particulièrement sensible aux zones charnières, aux articulations. Quelquefois, on sent bien cette zone de liaison entre deux parties du corps. Parfois, la sensation est vague, floue, ou même complètement inexistante. En faisant ainsi le tour du corps, nous pouvons avoir une meilleure idée de la totalité de celui-ci. Cet inventaire de chacune des parties de nous-même amène une totalisation plus riche que la sensation globale de départ.

Cette vue intégrale et complète de nous-même est assez difficile à atteindre. Certaines parties nous donnent de nous-même une vision négative. Il y a des endroits de nous que nous n'aimons pas. Ceux-ci sont liés à notre histoire. Nous pouvons rattacher ce mépris à des événements de notre passé, à des attitudes de notre entourage, à des comportements ambiants de l'enfance.

La conscience est souvent définie comme une appropriation de nos sensations par l'esprit et comme la perception des choses.

La réconciliation corps-esprit est bénéfique pour l'équilibre du partenaire et pour le couple. L'incitation à sentir son propre corps, à être conscient de soi, contribue à l'équilibre.

* * *

Un certain nombre de mécanismes nous amènent à sentir notre propre corps de l'intérieur. Il s'agit d'une proprioception dont on a du mal à définir les récepteurs, au niveau de la peau, des muscles ou encore des articulations.

À partir de cette stimulation, un cheminement électrique se diffuse tout au long de notre système nerveux, vers la moelle épinière ou le cerveau, où s'opère un décodage: alors, une sensation, un perçu se crée. Cette fonction, que nous appelons globalement le toucher, est multiforme: nous sentons le doux ou le rugueux, le chaud ou le froid, l'agréable ou le désagréable, le mouvement interne, la vibration ou le statisme.

Chaque fois que notre corps change de position, les muscles et les os changent simultanément d'emplacement, et des transmissions mécaniques s'opèrent, que nous ressentons très bien. Ces perceptions mécaniques, ajoutées à celles dont nous parlions précédemment, permettent au cerveau, qui regroupe toutes ces indications, de nous fournir un résultat globalisé, soit une sensation corporelle.

De plus, sans toucher la personne physiquement, en établissant des passerelles entre les différents chakras, à une certaine distance du corps, divers effets peuvent être obtenus; certaines améliorations de la circulation énergétique se font très nettement sentir. On peut amener l'énergie sur le chakra du cœur, source de la tendresse, et diffuser celle-ci par tout le corps.

Il y a donc, en plus des messages transmis par les récepteurs sensoriels nous donnant des indications sur le corps, des messages qui s'y ajoutent et une rétroactivité du corps physique sur le corps éthérique, et réciproquement.

Confiner la sensation essentiellement à la vision est trop réducteur. Aider votre partenaire à prendre davantage conscience de soi et des modifications que son corps subit contribue à un affinement de sa sensibilité, lui permettant de ressentir avec son esprit ces connexions de l'énergie relationnelle entre vous.

* * *

Cette vision sensible que le partenaire massé a de lui-même et de son corps doit se superposer à la sensation que le partenaire masseur lui procure. Le perçu que nous suivons avec la main du masseur doit correspondre aux stimuli, aux caresses prodiguées. Plus nous nous prendrons en main et plus nous serons actif au cours d'un massage, plus nous développerons cette conscience de nous-même et plus nous reprendrons possession de nous-même. Un équilibre se produira entre les partenaires, parité, dignité... Cette harmonie est encore plus importante dans une période «évasion-évasion.» Ainsi, il n'y a pas d'attrape-nigaud: chacun, sur l'accord de départ, est maître de son jeu et peut se réacheminer vers la phase «indépendance dans l'interdépendance».

Cette familiarisation avec notre corps intérieur, cette stimulation de chacune des parties que nous ressentons lors d'un massage-caresse nous permettent de reconstruire notre tout et, en particulier, de sentir les tensions, les zones de blocage que l'approche de l'autre fait naître et qui ressuscite des combats peut-être dépassés: les élucider dans la vérité d'une rétroaction est un plus relationnel, et c'est une victoire sur l'irrationnel. Cette réappropriation du corps et du tout de la relation est une conquête permanente. Elle exige de la persévérance, de la concentration. C'est une très bonne thérapeutique, car elle nous rend responsable de nous-même: nous nous assumons corps-esprit et, de ce fait, nous réalisons une catharsis qui rend caducs certains heurts anciens.

Il est donc précieux de commencer un massage par cette prise de conscience du corps, grâce à des sensations successives, particulièrement grâce aux tensions qui sont provoquées et amplifiées pour activer et aiguiser cette sensation du corps. Il est très intéressant d'aider au relâchement de la tension par des contractions, des étirements d'un membre. On compare ensuite la partie qu'on a ainsi «réveillée» avec la partie symétrique du corps qui ne l'a pas été: ce peut être, par exemple, l'avant-bras ou le coude. Il est important alors de se concentrer sur les différences entre les deux parties: celle de droite, celle de gauche. Les messages transmis sont tout à fait différents d'un côté et de l'autre. Cette concentration sur les tensions est aussi utile au masseur qu'à la personne massée. Les effets analysés d'un étirement avant un massage sont riches d'enseignement. Le soulagement de ces tensions peut être hautement symbolique et résolutoire de tensions relationnelles.

* * *

Au chapitre précédent sur la respiration, nous aurions pu signaler que cette conscience des tensions est très liée à la respiration. La vitalisation de l'énergie par la respiration amplifie la perception sensorielle et la perception des tensions, de même qu'elle facilite la résolution de ces tensions.

Comment faire prendre conscience des tensions
à la personne massée?

Après une profonde respiration par le diaphragme, demandez au partenaire de prendre conscience de ses tensions musculaires et d'essayer de les relâcher pendant l'expiration. Cet exercice peut être fait en explorant systématiquement le corps, et particulièrement les zones qui sont plus réceptives aux tensions: le front, le visage, les masséters, les épaules et les trapèzes. On descend ainsi sur tout le corps, en passant par la poitrine, les intestins... puis les fesses, afin de les desserrer. Les cuisses, les jambes, et finalement les pieds.

Cet exercice est assez spectaculaire. En effet, nous sommes beaucoup plus sensibles aux tensions qu'à l'effleurement d'un souffle d'air. Chacun de nous est une boule nerveuse: la tension musculaire, indispensable à la station érigée de l'homme — sans elle, nous nous écroulerions —, a été utilisée à outrance. Nous engrangeons beaucoup plus de tensions qu'il n'est nécessaire pour le fonctionnement de notre corps, et la vie en couple somatise les conflits relationnels.

Nous bradons l'énergie qui vit en nous. Au début, cela se fait volontairement. Nous apprenons toutes choses, nous apprenons à mettre un pas devant l'autre et nous déployons alors beaucoup plus d'énergie qu'il n'est nécessaire. Une fois le réflexe acquis, nous continuons à mobiliser la même somme d'énergie. Ces surtensions deviennent alors involontaires.

Il en est de même pour toutes nos émotions bloquées: lorsque nous sommes émotionnellement perturbés (frayeur, colère, frustration, nervosité), les tensions musculaires inconscientes s'accroissent; nous portons sur nos épaules toute la misère du monde, et particulièrement la nôtre. Le face à face avec les difficultés de la vie nous contracte le visage, le front. Pour limiter cette douleur existentielle, nous contenons notre respiration. C'est dans ces moments-là que nous adoptons cette respiration étroite et limitée à la cage thoracique. Nous freinons volontairement notre énergie vitale pour ne pas souffrir.

Reprenons l'histoire de nos tensions en empruntant un cheminement inverse: concentrons notre attention sur nos zones privilégiées de crispations et analysons toute cette charge inutile d'énergie statique que nous retenons. Essayons de ressentir, quand nous sommes ainsi recroquevillé sur nous-même, comme l'escargot dans sa coquille, comment nous transformons notre corps en une carapace protectrice.

Cette constatation ne vise qu'à nous permettre de faire l'inverse, à nous détendre pour renoncer à avoir cette attitude défensive, même si elle est ténue... une certaine façon, par exemple, quasi imperceptible, d'enfoncer la tête dans les épaules: relâchons nos épaules. Ne nous attendons plus au pire... décontractons-nous.

Nous aimons nous montrer sous notre meilleur jour. Si s'ajoute à cela une certaine forme d'éducation, nous dissimulons nos émotions. Ne rien laisser paraître de notre trouble... Cela ne se fait pas. Surtout devant le partenaire... C'est perdre la face dans le conflit qui nous oppose...

L'analyse transactionnelle nous a donné un éclairage tout particulier sur ces attitudes de l'enfant face aux conduites inductrices des parents. De même, il y a, dans le partenaire, une mère ou un père menaçants qui se cachent. Cette maîtrise de nos émotions devient quelque chose d'acquis, un message contraignant qui mobilise en permanence des tensions inutiles. Nous agissons comme si nous étions toujours prêt à subir un assaut: pour éviter d'être surpris, nous contenons toute réaction spontanée, que cela ait été jugé nécessaire par nos éducateurs ou que l'expérience nous ait appris à rechercher ce comportement, parce qu'on nous privait de tendresse lorsque nous n'étions pas conforme aux attentes parentales.

Les tensions installées proviennent de *strokes* négatifs ou d'une absence de *strokes* positifs au cours de notre enfance. Nous recherchions la tendresse, les caresses, mais cette récompense ne nous était accordée que dans certaines circonstances par ceux qui avaient l'autorité, par nos «auteurs.»

Dans le couple, ces situations se renouvellent, et leur réémergence ravive les tensions.

La meilleure réussite d'une relation serait de nous déconditionner de façon à pouvoir, à nouveau, exprimer de façon spontanée les émotions naturelles. Retrouver cette spontanéité dans un contexte voulu: il faut veiller à ce qu'elle ne soit pas à son tour un reconditionnement inverse. Le massage-tendresse peut être une enclave réservée, dans la vie, aux abandons confiants, à nos émotions comprises et acceptées comme une purification.

Au plan santé, il faut comprendre que le fait d'avoir ainsi réprimé notre vie émotionnelle, et donc d'avoir emmagasiné des surcharges de tensions, constitue l'une des causes principales de nos affections. Crampes, maux de tête, dorsalgies, déformations de la colonne vertébrale. L'émotion qui n'a pu s'acheminer par des voies normales a biaisé, rusé avec nous. L'énergie émotionnelle qui n'a pu s'écouler face à un obstacle n'est pas restée immobile. Elle l'a contourné. Elle a inondé la région. Concentrée et comprimée, cette nappe elle-même a été contenue. Elle se manifestera à un moment ou à un autre, mais, en attendant, elle se dilue progressivement sous forme de douleurs chroniques... ce qui ne facilite pas la vie familiale.

Répression n'est pas suppression; il faudra bien, à un moment donné, assumer cette émotion. Sachons accepter de pleurer au cours d'un massage-tendresse, autorisons-nous à nous vider d'une colère, etc.

* * *

Il faut, après un massage, consacrer quelques instants à un échange entre le donneur et le receveur, et discuter de ce que nous avons pu constater pendant le massage. Le partenaire masseur aidera le partenaire massé à exprimer ses sentiments, ses pensées. Aider le conjoint à vivre, en exprimant davantage ce qu'il a ressenti, est extrêmement bénéfique, pour le donneur comme pour le receveur, et c'est l'occasion pour renouer la communication, essentielle et souvent interrompue. C'est là que nous mesurons l'efficacité de ce que nous avons vécu, de ce que nous avons provoqué.

Ce qui est important, surtout lorsque ont pu surgir des émotions faisant revivre des périodes difficiles, c'est de se concentrer, pour terminer sur une réalité positive, de refocaliser l'attention sur un fait, un événement qui nous a aidé à être bien, à nous sentir mieux, à vivre un peu de bien-être à deux.

Qu'au moins ce dialogue des corps, par le massage des partenaires, soit le langage non verbal de la tendresse, particulièrement dans les périodes où les mots pour la vivre ont du mal à prendre corps.

Chapitre IV

DES CONSEILS PRATIQUES

Il sera ici question de conseils pratiques concernant le massage-tendresse, sur les moyens matériels à rassembler, sur les différents mouvements à effectuer, enfin sur le rythme à adopter.

LE CONTEXTE

Le rendez-vous précieux de l'échange par le massage-tendresse requiert une préparation qui le valorise. Il doit favoriser le climat relationnel entre les partenaires.

Il permettra en outre, à celui qui masse, de se concentrer uniquement sur le travail de ses mains, d'entrer davantage dans le monde du toucher.

Le lieu où nous allons travailler sera choisi pour son calme. Fermons éventuellement la porte à clef pour être certain de ne pas être dérangé pendant le massage. Éloignons le téléphone: agitation, allées et venues, bruits gêneraient son action en profondeur. Que l'atmosphère de cette pièce soit agréable, silencieuse, sereine, pour apporter la sécurité au partenaire. Pour ce faire, la température est importante: il doit faire chaud, au moins 25 °C. Il faut donc prévoir un chauffage d'appoint et, éventuellement, une grande serviette éponge ou une couverture un peu chaude pour couvrir partiellement la personne au cours du massage. L'émotion amène une grande frilosité. Une couverture chauffante sur la table peut aussi donner un certain confort.

L'éclairage sera doux, net, chaud, et indirect de préférence: par exemple, quelques lampes posées au ras du sol ou sur un meuble bas suffisent. Des bougies créeront un climat un peu romantique.

L'ambiance sécurisante et le confort peuvent éventuellement être renforcés par une musique adaptée à la circonstance, une musique pacifiante, relaxante, planante, par exemple les *Kotos du Japon*. Laissez votre partenaire choisir: elle doit lui plaire d'abord. Par ailleurs, il choisira peut-être le silence et toute sa densité.

Le raffinement peut aller jusqu'à diffuser une odeur agréable. Pour certains d'entre vous, des bâtonnets d'encens conféreront une ambiance de proximité, de monde clos réservé à l'intimité. Ce peuvent être quelques gouttes d'huiles essentielles répandant leur parfum grâce à un diffuseur.

Il va sans dire que si l'on se trouve dans la nature, à la campagne, au bord de la mer ou dans un bois et qu'il est possible de s'installer à l'extérieur, cette plongée dans la nature, avec les sons et les odeurs qu'elle apporte, peut amener un bien-être supplémentaire si la chaleur est suffisante; à condition, bien sûr, que le partenaire s'y sente aussi en sécurité que dans une pièce fermée. Ce qu'il faut éviter, c'est tout élément qui briserait la relation, la descente en soi-même, la prise de conscience de son corps, la profondeur de la relation, l'intimité nécessaire.

Un climat général de douceur doit être créé. Les lumières, les parfums ne doivent pas être trop entêtants. Quant aux couleurs de la pièce, elles doivent être chaudes, chaleureuses et douces, pour s'harmoniser avec le fond musical.

N'oublions pas qu'une des conditions de la préhension de soi, de son corps, de son espace corporel, c'est de pouvoir réhabiliter la conscience intérieure de son corps. Pour ce faire, nous l'avons vu, un minimun de relaxation est nécessaire.

Cette recherche de l'ambiance doit se faire en coopération. Elle doit, en même temps, faire sentir au partenaire une prévenance qui n'est pas toujours présente dans la vie quotidienne et fait de l'instant vécu une étape privilégiée, même si cette étape ne dure qu'une heure, une heure et demie. Il est donc important d'avoir prévu ce temps disponible. Cette durée paraît optimale: on peut faire un peu plus court sans frustration, on peut faire plus long, si c'est vécu comme souhaitable, mais il faut veiller à ce que, au-delà de cette durée, excitation et lassitude ne prennent la place du confort.

Il est important de choisir le bon moment. Programmer une relation en profondeur dans un temps trop court, ou enchâssé entre deux obligations stressantes ou accaparantes pour l'esprit, ce qui entraînerait une rupture hâtive, gâcherait tout le bienfait relationnel de ce massage. Il est donc primordial que les deux partenaires se sentent disponibles.

LES MOYENS MATÉRIELS

La table

D'emblée, nous recommandons une table pour le massage.

Éviter avant tout de masser sur un lit. C'est inconfortable. On ne peut accéder au corps du partenaire parce que le lit est à la fois trop large, trop bas, trop mou. De plus, il est porteur d'ambiguïté: lieu des dos à dos boudeurs ou des embrasements sexuels... Or, le propos est de «dégénitaliser» la rencontre et le contact des corps au profit d'une érotique du tendre, plus en délicatesse, plus sensible à tout le corps, et non aux zones «spécialisées».

Le massage au sol est, lui aussi, inconfortable. Il limite à certains mouvements, en rend d'autres malaisés, crée également des situations et des positionnements ambigus. Avec le déroulement du temps, il amène des douleurs pour le masseur. Surtout, il ne permet pas au corps de se mobiliser pour danser harmonieusement le massage et suivre, donc, un rythme qui permette un dialogue entre le corps et les mains du masseur d'une part, et le corps du partenaire d'autre part; une fluidité de mouvements qui évite les ruptures de circulation de l'énergie.

Il n'est pas nécessaire d'avoir une table de massage sophistiquée. Elle doit être assez large pour que le corps et les bras puissent s'y poser de façon détendue. La longueur doit être suffisante, la hauteur adaptée à la personne qui masse pour ne pas fatiguer la colonne vertébrale par une inclinaison trop prononcée du corps, ni amener de la tension aux bras par une surélévation de ceux-ci.

Deux tréteaux et un panneau de *novopan* ou de contre-plaqué peuvent suffire. Un contre-plaqué de vingt millimètres d'épaisseur ou un *novopan* de vingt-cinq millimètres peuvent faire l'affaire. Un mètre quatre-vingts de longueur semble correct, soixante-dix à soixante-quinze centimètres de largeur sont suffisants. Il faut que le dessus de cette table soit confortable. Une couverture pliée ou un épais drap de bain peuvent très bien convenir. Un drap housse permettant d'absorber l'huile, une plaque de mousse de quatre à cinq centimètres d'épaisseur ou du *dunlopillo* un peu moins épais, toujours recouvert d'un drap, peuvent aussi faire l'affaire.

Quelques coussins avec housses facilement lavables ou des serviettes de toilette pliées peuvent apporter le confort sous les chevilles, l'arrière des genoux, la nuque, le ventre ou les reins. Une serviette de toilette à portée de la main pour se débarrasser du surplus d'huile, par exemple, est également utile. Une grande serviette à franges pour l'effleurage final apporte un plus.

160

Les lubrifiants

Huiles végétales, huiles essentielles, huiles minérales, etc. Nous avons toujours utilisé avec satisfaction l'huile de vaseline. On la commande chez le pharmacien, car, en général, il n'a que de l'huile de paraffine ordinaire. L'huile de vaseline est une huile de paraffine fluide. Elle sert de base aux huiles destinées aux bébés. Elle est idéale pour un massage. On peut l'additionner d'huiles essentielles, de parfums dosés selon les goûts personnels du partenaire. Cette huile de vaseline part sans problème à la douche.

Un lait de bébé ou un lait d'amandes est, à certains moments, souhaitable: ce lait, mélangé à l'huile, facilite le massage des zones pileuses, la main glisse mieux. En outre, il peut être utilisé sur les zones sensibles, telles que le creux poplité, la saignée du coude, les mains et les pieds et entre les orteils, pour donner une sensation de fraîcheur et de bien-être, pour aiguiser l'acuité de la sensation.

Pour le visage, une crème non grasse est à préconiser: beurre de cacao, crème d'aloès, etc.

LA POSITION DU CORPS
SUR LA TABLE DE MASSAGE

Bien centrer le partenaire avant le début du massage. Veiller à ce que la tête se trouve en bout de table, afin que, si le masseur doit travailler à l'arrière de la personne massée, celle-ci puisse avoir un contact de la tête avec le corps du masseur: cela sécurise, évite le sentiment d'abandon, établit un lien concret. Lorsque la personne massée est couchée sur le dos et que ses vertèbres cervicales sont infléchies vers l'arrière, nous pouvons mettre un petit coussin sous son cou ou sous sa tête, pour lui redresser la tête. De même peut-on mettre une serviette ou un petit coussin sous le creux de ses genoux, pour le confort et la décontraction des mollets et des cuisses.

Lorsque la personne est étendue sur le ventre, il faut veiller, là aussi, à ce que sa tête soit dans une bonne position, afin qu'elle puisse respirer à l'aise. À cette fin, on peut placer un petit coussin ou une serviette pliée sous sa joue, sous sa poitrine.

Veiller également à ce que les cous-de-pied ne soient pas trop en extension. Donc, les soulever à l'aide d'une serviette lorsqu'ils sont trop tendus.

Pour éviter une cambrure douloureuse de la colonne vertébrale, on peut mettre un coussin sous le ventre.

Si vous devez soulever un membre ou le reposer, évitez de provoquer de la douleur en faisant des pressions trop précisément localisées. Mieux vaut soutenir ce membre avec l'avant-bras, par exemple, et opérer le mouvement en douceur. Le partenaire massé ne doit faire aucun effort personnel de tension ou de contraction pour aider au mouvement. Il doit être parfaitement relâché et confiant; il faut périodiquement vérifier cette décontraction et inviter à y revenir si on constate sa disparition.

Lorsque, à mi-massage, le partenaire est amené à changer sa position, pour être soit sur le dos, soit sur le ventre, nous pouvons l'y aider; ce geste doit se faire lentement, en décontraction, sans brutalité, un peu comme un chat se détend et prend sa position nouvelle tout en douceur.

LES PRINCIPAUX MOUVEMENTS
DU MASSAGE-TENDRESSE

Les mouvements du massage s'enchaînent, se combinent et s'intriquent les uns dans les autres au cours de toute la séance. Divers éléments interviennent: la vitesse et la direction mais surtout la pression et le jeu des doigts et de la main.

L'effleurage

L'effleurage est essentiel aux stimulations sensitives du début.

L'effleurage consiste en un frôlement exercé, soit avec le plat de la main, soit avec la pulpe du bout des doigts.

Cette main ou ces doigts se promènent sur la région choisie, en la caressant.

Lorsqu'il s'agit d'un effleurage avec la totalité de la main, la paume des mains ainsi que les doigts restent souples, sans raideur, épousant tous les contours du corps, ses reliefs, ses zones sensibles, et ce, de façon très légère. C'est une manœuvre très agréable, et efficace pour la reconnaissance du schème corporel global. Il donne la conscience du modelé du corps, à la fois à celui qui reçoit le massage et à celui qui le donne.

S'il s'agit d'un effleurage du bout des doigts, il sera encore plus léger. Il restera superficiel. Son orientation se fait de façon habituellement longitudinale, soit en un seul mouvement continu, soit en mouvements qui se succèdent, avec reprises et chevauchements de zone à zone, et avec l'application alternée des mains. C'est une manière de ramener à la surface l'aura électrique, d'orienter l'énergie tout le long du corps, de la faire se mouvoir. Elle peut produire des frissons...

Une autre façon de faire les effleurages légers, surtout dans le dos, est de les effectuer en cercles symétriques avec chacune des mains, l'une sur la partie droite du corps et l'autre, sur la partie gauche; les cercles se recoupent tout en progressant le long du corps, ou encore selon des localisations qui seront mentionnées au chapitre VI du présent ouvrage.

Au début d'un massage, l'effleurage léger du plat de la main est assez indiqué pour la prise de contact, pour établir la relation.

L'effleurage du bout des doigts est important après un massage effectué avec vigueur et en profondeur, ou pendant une certaine durée, sur une zone quelconque du corps. Il est essentiel aussi pour les unifications, surtout en fin de massage, pour faire recirculer l'énergie dans tout le corps.

Au cours de ces mouvements d'effleurage, la main reste d'une très grande souplesse, et l'influx est transmis par le corps, par le mouvement des hanches, du buste et des épaules du masseur. Il faut presque danser ce mouvement. C'est un ballet des mains sur la peau. Parfois, les doigts s'agitent dans un pianotage qui donne l'impression d'un froissement d'ailes de papillon.

Le drainage

Le drainage une forme de glissement plus appuyé. Les doigts sont serrés, la pression est assez forte et elle est fournie par la totalité de la main, les quatre doigts joints, le pouce et le talon, ou le tranché de la main, jouant un rôle important.

Pour éviter toute fatigue et toute crispation de la main et des avant-bras, il faut que le mouvement vienne du buste et qu'il soit commandé par le poids du corps: on imprime un mouvement longitudinal réglable où intervient efficacemment la flexion des genoux, grâce au simple déséquilibre causé par les jambes écartées, et on se laisse aller, dans le mouvement, au libre jeu de la gravité. En jouant de la flexion des genoux et des mouvements de la hanche, on neutralise la fatigue; la rigueur du mouvement est variable, selon la force qu'on veut bien lui donner: c'est précisément cette flexibilité des genoux et la pondération des épaules qui règlent la pression du mouvement, qui créent ou non la crispation des bras. La tête doit rester bien dans l'axe de la colonne vertébrale, elle impulse la direction du mouvement.

La pression du drainage a de nombreuses variantes. Son intensité va d'un contact à peine appuyé jusqu'à une pression ferme, voire forte, sur les différents niveaux des masses où il intervient.

Pour exécuter un drainage, la main peut prendre des formes différentes, selon la région massée: elle sera plus ou moins étalée en surface, se fera plus ou moins musclée, prendra une forme arrondie, etc. La main épouse les formes du corps et s'adapte à la situation. Si le drainage doit porter sur une région peu musclée, mais riche en gaines tendineuses, la pression s'exercera davantage avec la pulpe des pouces ou des bouts de doigts, qui peuvent plus facilement s'immiscer dans les interstices du tendon et suivre les petites vallées entre les tendons.

À d'autres moments, ce sera le talon de la main qui interviendra sur une surface arrondie, ou alors le tranché de la main lorsqu'il s'agira de drainer une couche musculaire de bonne épaisseur.

Parfois, la main prendra la forme d'un V, le pouce largement ouvert, en opposition avec les quatre doigts bien soudés les uns aux autres.

Très souvent, les deux mains s'opposeront, en prenant la forme d'un demi-anneau cerclant le membre à drainer.

La pression peut aussi, lorsque le membre à traiter est l'avant-bras par exemple, s'effectuer avec un drainage qui forme un bracelet complet avec les pouces et les doigts.

Lorsque la surface est plus plate ou plus étendue, la pression se fait avec l'ensemble des doigts réunis, pouce collé aux quatre doigts, mains parallèles et en direction opposée.

Nous avons donc là des formes variées de drainage quant à la façon de disposer ses mains. Le réglage en intensité pourra aussi s'exercer en appuyant avec douceur et précision simplement avec la première et la deuxième phalanges des doigts.

Certes, si les mains peuvent le plus souvent agir de façon solidaire et proches l'une de l'autre dans leur action, elles peuvent aussi, dans certains cas, agir successivement, se suivant dans leurs interventions: l'une maintenant le contact, l'autre relâchant puis abandonnant le contact, pour intervenir à nouveau après le travail de l'autre main; nous en avons un exemple dans ce qu'on appelle le «pas de l'ours.»

Quand les deux mains agissent simultanément, elles peuvent être contiguës, ou même superposées, pour avoir plus d'effet et de vigueur.

LE RYTHME

Un massage dont le déroulement serait uniforme émousserait cette conscience de soi que nous voulons précisément éveiller chez la personne massée. Un rythme routinier, où les pressions sont toujours identiques, endort l'acuité de la perception. Il faut, comme dans toute action dynamique, marier les temps forts et les temps faibles.

Le rythme peut s'imprimer par la variation des pressions, par la succession des vitesses, par l'usage de mouvements diversifiés.

L'alternance entre les mouvements puissants, énergétiques, profonds et les mouvements glissés, les effleurages, les contacts superficiels laissent la vigilance en éveil. Dans certains cas, une musique appropriée peut aider à soutenir ces variations de rythme. Il s'agira, malgré tout, de ne pas concentrer l'attention sur la rythmique en elle-même, comme si la personne massée avait à déchiffrer une partition. Il ne faudra pas non plus perturber la perception par des ruptures, des cassures ou des à-coups qui étonnent, en brisant la relaxation. Les mouvements longitudinaux de va-et-vient, s'ils sont employés sans y intercaler des mouvements plus circulaires, plus rotatifs, risquent d'amener cette monotonie que l'on veut éviter et qui émousse la perception, le senti, le vécu «ici et maintenant» de la personne massée.

166

Il n'est pas nécessaire de développer davantage. La créativité et l'intuition sont capables de faire sentir ces choses; elles sont nécessaires dans le massage-tendresse, plus que dans toute autre technique.

CONCLUSION

Considérer que la vie est un tout, savoir alimenter l'énergie par la respiration, aiguiser la conscience de soi pour dissoudre les tensions, respecter un certain nombre de consignes pratiques[1], toutes ces notions représentent des préalables importants à mettre au service des techniques du massage-tendresse, décrites dans le chapitre suivant du présent ouvrage. Ces outils de soin et d'attention au partenaire, de caresses qui «soignent», sont la base d'un massage-tendresse nourrissant et procurant beaucoup de plaisir[2].

---

1. Voir aussi le chapitre II, «Vingt conseils de base», dans la troisième partie du livre *Le corps et la caresse*.
2. Voir, dans le livre *Le corps et la caresse*, le rôle du plaisir dans l'épanouissement de la personnalité.

Chapitre V

LE MASSAGE
TENDRESSE-COMMUNICATION

UNE ÉROTIQUE DU TENDRE

Il est important de prendre très tôt, l'un envers l'autre, cet engagement contractuel de maintenir le contact. Dès qu'on prend conscience que la dissociation est en marche, ce contact devient urgent. La façon la plus concrète de le réaliser est d'avoir un contact physique organisé, d'avoir véritablement un toucher actif réciproque: le massage tendresse-communication peut être cet outil privilégié, et ce, dans les diverses situations du couple.

Allons tout de suite à la situation extrême.

Indépendamment de ce contact structurel que nous préconisons, il est essentiel d'agir dès qu'on s'aperçoit qu'une distanciation menace, non seulement de se prolonger, mais de ne pas être suivie d'un retour. Il faut absolument éviter d'en arriver à un «état de fait» complètement transformé par le caractère durable des «crises ou querelles» qu'on pourrait autrement qualifier de normales. En effet, cet enlisement de la situation remplace un antagonisme constructif et utile par une impossibilité de profiter de façon positive de la tension qui s'est créée.

Il ne s'agit plus alors de crises mais d'un état qui, s'il ne se conclut pas par le divorce au sens officiel du terme (on sait que 50 % des couples en arrivent là), peut être qualifié de divorce émotionnel.

Il est rare de faire des retours en arrière lorsqu'on a franchi une certaine zone limite. Celle-ci se caractérise, malgré des épisodes de calme apparent et d'explosion, par une exaspération perpétuelle donnant des dimensions gigantesques au moindre petit incident.

On se trouve alors dans une situation se situant aux antipodes de celle qui prévalait durant la période fusionnelle, celle de la cristallisation amoureuse. Pendant celle-ci, tout ce qui venait de l'autre était beau, admirable, attendrissant. Ici, c'est l'inverse: gestes au quotidien, façon de marcher, de parler, de rire, idées, habitudes, tout devient exaspérant. Toute tentative pour renouer le fil est interprétée, vitupérée, dévalorisée. La communication est véritablement rompue, dans son aspect relation interpersonnelle, autant que dans celui de l'écoute positive.

Pour la façade, et même en présence d'étrangers, on n'arrivera pas toujours à se contenir. Il subsistera, certes, une communication au sens technique: on émet des signes. Ils sont recueillis et décodés. On finit même par se garder de parler, car tout est interprété négativement, et les paroles exprimées avec une indifférence feinte sont affectivement chargées d'un certain sens agressif caché.

Il est alors primordial, si on n'a pas encore renoncé, de mettre en place le contact-sauvegarde. Sinon, on tombe dans cette espèce d'enfer qu'illustrait si bien un film interprété par Jean Gabin et Simone Signoret: on se défend contre une culpabilité personnelle en se transformant en innocente victime. La culpabilité, c'est l'autre qui doit l'assumer. Les ressentiments qu'on peut avoir deviennent accusateurs et génèrent un besoin de punir. Ce besoin correspond à une blessure profonde, beaucoup moins superficielle que les petits coups de griffe qui émaillent le quotidien. Il symbolise l'expression de la ruine de l'espérance de bonheur. Il est la vengeance contre ce sentiment confus de rater l'essentiel de sa vie.

Cette profonde aspiration, que nous avons tous et que l'autre ne satisfait pas, mérite alors, pense-t-on, une punition. On ne peut plus ni pardonner, ni absoudre, ni essayer de réparer, ni même fuir pour refaire sa vie ailleurs. Alors, on se venge sur place.

Certes, nous avons choisi d'emblée la période la plus difficile, mais ce tableau un peu sombre montre le péril qui menace tous les couples qui ne mettent pas à profit, au cours de l'épanouissement de leur amour, les occasions d'enracinement qu'apporte l'épreuve. Pendant cette période de construction, il est bon d'avoir recours à cette manière de communiquer par la tendresse que constitue le massage-caresse, le massage-communication. Seul le contact apporte une preuve tangible, une preuve palpable du désir de perdurer dans l'amour malgré l'épreuve. On ne peut être plus proche que par le toutcher. Seul le toucher apporte une réponse aux besoins profonds de chacun d'échapper à la solitude. Un corps isolé d'un autre est un sac à solitude.

Pendant la période fusionnelle, il va sans dire que ce massage-tendresse sera facile à prévoir et prendra toute son expressivité. Mais, grisé par la facilité des échanges, on peut négliger de mettre en place cette structure de communication intime.

Que faudra-t-il rechercher au cours de ce massage?

Il faudra essayer d'en faire un langage véritable, une communication vraie, et donc essayer d'y introduire les conditions indispensables à une authentique communication à l'intérieur du couple, celles qui lui donneront sa profondeur: la transparence et la clairvoyance.

La transparence

Elle ne pourra se réaliser sans la rétroaction. On ne peut être à la place de l'autre. On ne peut sentir pour l'autre. Il faudra donc que le partenaire s'oblige à se révéler à l'autre, à se faire connaître, à exprimer ce qu'il éprouve. Il doit dire ce qu'il attend, ce qui l'a comblé, ce qui lui manque et lui apporte des frustrations. En réalité, il devra se montrer tel qu'il est, avec toutes ses attentes, voire ses fantasmes.

La clairvoyance

La magie du contact est nécessaire pour pénétrer dans le monde du partenaire, pour essayer de comprendre ses sentiments, ce qui aiguisera la clairvoyance et aidera à mieux se comprendre. Pensées, sentiments, signification des attitudes et des réactions, nature profonde des attentes constituent l'échange qu'on doit avoir après le massage. Le langage utilisé pour exprimer ce qu'on ressent peut ne pas être fait de mots. Un geste, un regard, une caresse enrichissent la communication, lui donnent une valeur pour la construction ou la reconstruction de l'entité couple, pour la consolidation de la tendresse.

Si l'on veut atteindre cette indépendance dans l'inter-dépendance, qui représente la ligne de suivi idéale, il ne faudra surtout pas se priver de cette spontanéité qui manifeste ce qu'on aime et ce qu'on n'aime pas. Il faudra être capable d'exprimer son point de vue sur telle pression, tel effleurage, sans que l'autre se sente blessé. Si notre attente est différente, il sera plus positif d'exprimer un refus en demandant quelque chose d'autre à la place. En effet, ce qu'on fait à l'autre est plus souvent le reflet de ce qu'on voudrait qu'on nous fasse et ne correspond pas forcément à ce qu'aime le partenaire. C'est donc sur la base de goûts différents exprimés, d'une recherche, d'ajustements guidés par des rétroactions librement manifestées que se construira, ou se reconstruira, un ensemble renouvelé, que pourra s'élaborer cette indépendance manifestée par le refus: la demande d'autre chose, mais dans l'interdépendance. On aura besoin de l'autre pour voir ses désirs, ses attentes et ses besoins comblés.

Il faut donc se souvenir, en pratiquant ce massage-communication, que la caresse de la main, autant elle peut procurer un plaisir, autant elle représente un langage, un mode actif de communication. Conversations et regards permettent aux partenaires de communiquer. Mais lorsqu'on veut aller plus loin dans une relation, lorsqu'on veut renouveler quelque chose qui risque de s'atténuer, lorsqu'on veut ressusciter quelque chose qui est en péril, qui est menacé, lorsqu'on veut éviter la cassure définitive, paroles et regards ne semblent plus appropriés, car ils maintiennent l'autre à distance.

Seul le contact nous apportera la preuve que nous avons pris conscience du danger; que nous avons compris le mécanisme de l'élaboration de cette entité relationnelle qu'est le couple; que nous voulons dépasser les obstacles qui nous séparent provisoirement, que nous voulons sauvegarder la communication; que la confiance en la vie du couple subsiste. Que l'espoir est encore présent.

Il faut donc oublier éventuellement la technique, en sachant qu'elle a des limites. Ce qu'il faut mettre, dans ce massage, c'est tout son cœur, toute son âme. Peu importe la virtuosité, si on y trouve l'inspiration. Que serait un massage-tendresse, un massage-communication, une érotique du tendre, sans amour? Le prénom de l'amour, c'est la tendresse. La caresse est spiri-tuelle.

Dans la gestuelle érotique du massage-tendresse, il y a l'incodifiable. Les préconisations de gestes et de stimulations, de même que la méthode proposée doivent faire place à la rencontre; à ce moment-là, l'improvisation pourra être, à partir du tremplin des figures enseignées, la seule vraie réponse. Il faut que les Enfants des partenaires se parlent, qu'ils communiquent. Cela ne se fait pas sans la créativité.

Chapitre VI

LES TECHNIQUES
DU MASSAGE-TENDRESSE

Partie I: LE DEVANT DU CORPS

1. La grande glisse latérale en V[1]

Position du masseur

Au départ, le masseur se place sur le côté de la table, à la hauteur du pied de la personne massée, en regardant vers la tête de celle-ci.

---

1. Certains termes utilisés ont été empruntés à Georges Downing, à partir de son livre *The Massage Book*. Ils font également référence à des techniques qui nous ont été transmises par Margaret Elke et Mel Risman, de San Francisco. Merci à Joël et à Marie-Claire, qui nous ont permis de les mettre en images.

Le bras intérieur du masseur est placé du côté intérieur de la jambe de la personne massée, et le bras extérieur est placé à l'extérieur de la jambe, un peu plus haut[1]. PHOTO 1.

Le pied intérieur du masseur est au niveau du pied de la personne massée, et son pied extérieur est un peu en avant, de telle sorte que, dans la progression du mouvement, le corps puisse venir s'appuyer sur cette jambe extérieure qui est projetée en avant.

Photo. 1

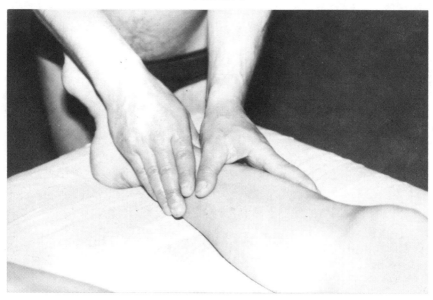

Mouvements utilisés

Il s'agit d'un mouvement de glisse en V. Le pouce des mains draine une face de la jambe, tandis que les autres doigts rassemblés drainent l'autre face.

---

1. On appelle conventionnellement «bras intérieur» celui qui jouxte le corps de la personne massée, quel que soit l'endroit où le masseur se trouve et l'orientation de son corps (vers le visage ou les pieds de la personne massée). Le «bras extérieur» est le plus éloigné. Ainsi en est-il pour les mains et les pieds.

Au départ, les mains sont imbriquées l'une dans l'autre, mais, dans ce mouvement, la main extérieure progresse plus vite, et donc se sépare de la main intérieure.

Description du mouvement

Les deux mains partent du cou-de-pied; la main intérieure progresse assez lentement; la main extérieure progresse plus rapidement. Lorsque la main intérieure arrive au niveau de la rotule, la main extérieure arrive, elle, en haut de la cuisse. PHOTO 2. Les mains continuent leur progression. La main intérieure arrive au niveau de l'aine, tandis que la main extérieure arrive à la hauteur du sein, après avoir drainé tout le flanc.

Photo. 2

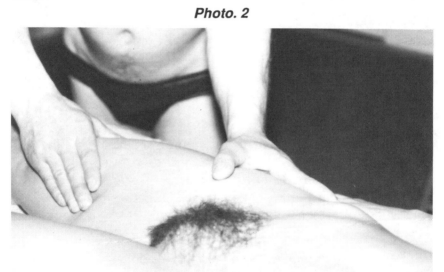

S'il s'agit d'une femme, le sein vient s'enchâsser dans le compas formé par le pouce et les quatre autres doigts, solidaires les uns des autres, et très écartés du pouce. Les deux mains exécutent alors un mouvement tournant. La main extérieure, tout en englobant le sein, trace comme un cercle autour de celui-ci avec le pouce qui s'oriente vers la saignée de l'aisselle. PHOTO 3. En exécutant ce mouvement, le pouce effectue un effleurage tout en douceur sur le mamelon.

Photo. 3

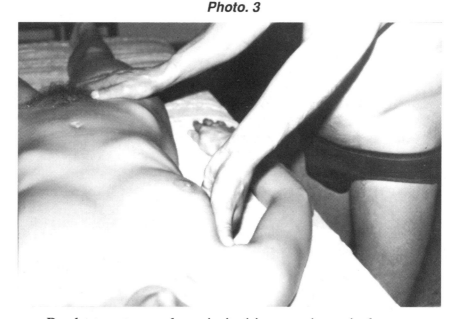

Pendant ce temps, la main intérieure exécute également son mouvement tournant, c'est-à-dire que son pouce, qui était à l'extérieur, rejoint le sommet de la saignée de l'aine et redescend, tandis que les quatre autres doigts restent sur le côté intérieur et effectuent un mouvement de descente à l'intérieur de la cuisse.

Puis, les deux mains exécutent simultanément leur descente: la main extérieure descend sur le flanc, tous les doigts joints, de façon un peu plus rapide que la main intérieure qui, elle, descend à l'intérieur de la cuisse. PHOTO 4 Ceci de telle sorte que les mains se réunissent à nouveau et se suivent, l'une contre l'autre, comme au départ, dès qu'elles sont arrivées à la hauteur de la rotule. Puis elles redescendent ainsi jusqu'au cou-de-pied. PHOTO 5. Ces mouvements s'exécutent trois fois chacun.

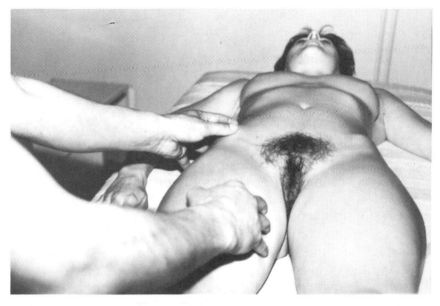

Photo. 5

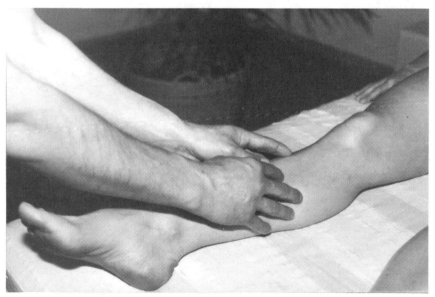

2. Le grand enveloppement de la taille

Position du masseur

La même que pour la grande glisse latérale en V. (PHOTO 1)

Mouvements utilisés

Le drainage pour la main intérieure et extérieure pour une partie, puis un mouvement de pression profonde pour la main extérieure et de pression légère pour la main intérieure.

Description de la séquence

Pour ce mouvement, les avant-bras sont huilés. On part comme précédemment, et les deux mains se suivent sans que l'une prenne de la distance par rapport à l'autre. Lorsque les deux mains sont arrivées au sommet de la cuisse, chacune opère de la façon suivante: la main intérieure redescend en exécutant un mouvement tournant, c'est-à-dire que le pouce vient du côté extérieur vers l'intérieur, à partir du sommet de l'aine. Pendant ce temps, la main extérieure exécute également un mouvement pivotant: le pouce décrit une courbe à peine appuyée sur le bas du ventre, et son parcours va de l'intérieur vers l'extérieur, en

Photo. 6

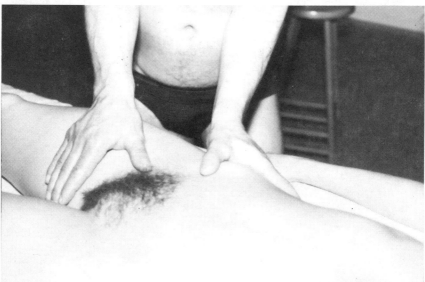

180

suivant la ligne de la taille. Les autres doigts suivent naturellement le mouvement amorcé par le poignet et le pouce. PHOTO 6.

Lorsque la main intérieure est arrivée au bas de l'aine, elle passe sous les fesses, par le milieu, tandis que la main extérieure, arrivée au niveau de la table, passe sous le dos, à la hauteur de la taille. PHOTO 7.

Photo. 7

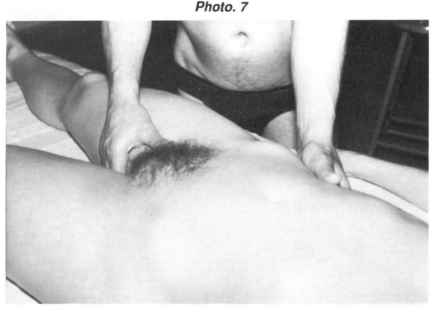

L'avant-bras extérieur passe, en glissant complètement, de l'autre côté du corps, et sa main va s'agripper à la taille, de ce même côté du corps. PHOTOS 8 et 9.

Une fois dans cette position, l'avant-bras soulève légèrement le dos et imprime un lent et tendre bercement au corps ainsi soutenu.

La main intérieure, elle, va simultanément à la rencontre de l'avant-bras sous le corps, étroitement en contact avec les fesses, et se place en forme de coupe. PHOTOS 8 et 9.

181

Photo. 8

Photo. 9

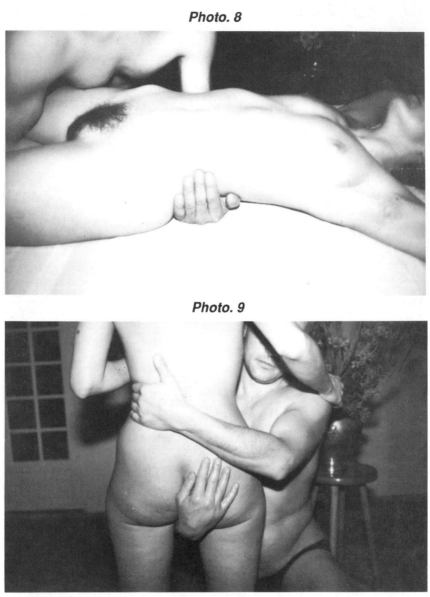

Le mouvement de retour s'amorce. Les trois doigts les plus longs de la main extérieure s'impriment alors profondément dans la taille, ainsi que dans toutes les masses musculaires des paravertébraux. Il faut faire attention, au passage, à la colonne vertébrale, et relâcher la pression. PHOTOS 10 et 11.

Photo. 10

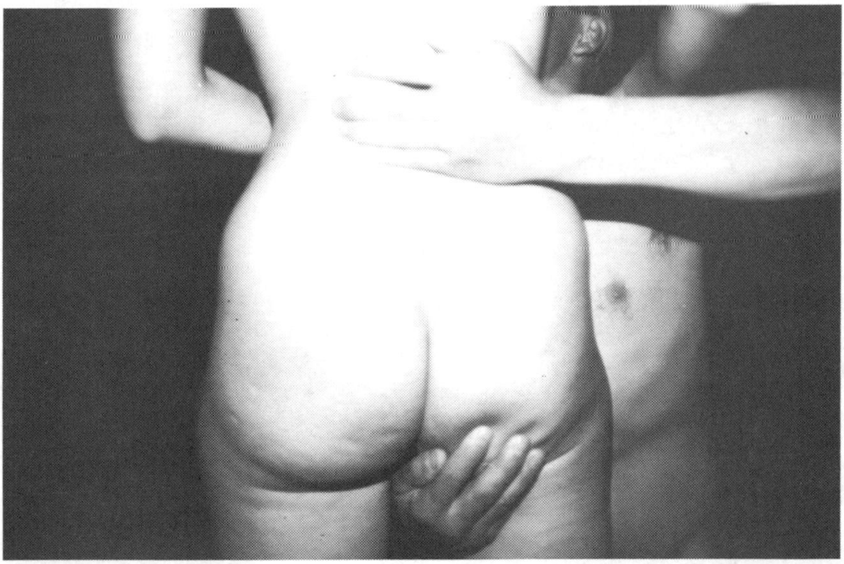

Photo. 11

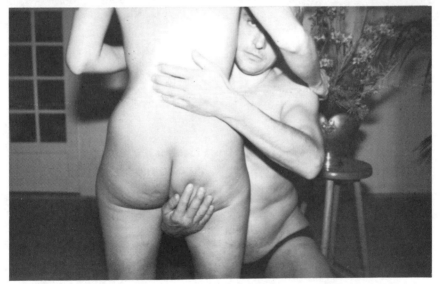

Pendant ce temps, la main intérieure redescend de son côté, en suivant le sillon des fesses. Le cheminement se fait à une vitesse telle que lorsque la main intérieure revient à son point de départ, soit à la fourche des jambes, et qu'elle remonte l'aine à partir de cette région, la main extérieure est également revenue à son point de départ. Les deux mains forment alors comme un grand V enveloppant la hanche, les bases de chaque poignet étant au contact l'une de l'autre; les doigts sont dirigés, pour la main intérieure, vers le bas de l'aine et, pour la main extérieure, vers le creux de la taille, sur le flanc extérieur. PHOTO 12.

Photo. 12

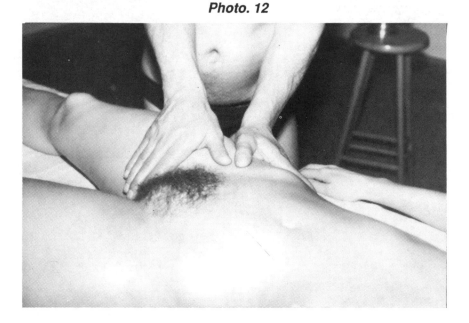

Nota: Tout ce mouvement a été exécuté en approchant le corps à la hauteur de la hanche de la personne massée.

Pour faciliter le passage du bras sous le dos et sous la taille de la personne massée, on lui demande, à ce moment-là, de prendre une grande inspiration diaphragmale, et c'est pendant que la personne aspire profondément en se cambrant légèrement que le bras s'introduit sous le corps.

Après s'être arrêtées un très bref instant dans cette position de coupe enveloppant la hanche, les deux mains pivotent en glissant, orientant ainsi l'extrémité des doigts vers le haut de la personne massée, c'est-à-dire vers la tête, dans l'axe du corps, tandis qu'elles se rapprochent l'une de l'autre et descendent vers le bas, dans un mouvement enveloppant toute la cuisse, puis le reste de la jambe jusqu'au cou-de-pied. Tout ce mouvement est fluide et très glissant. PHOTO 13.

Photo. 13

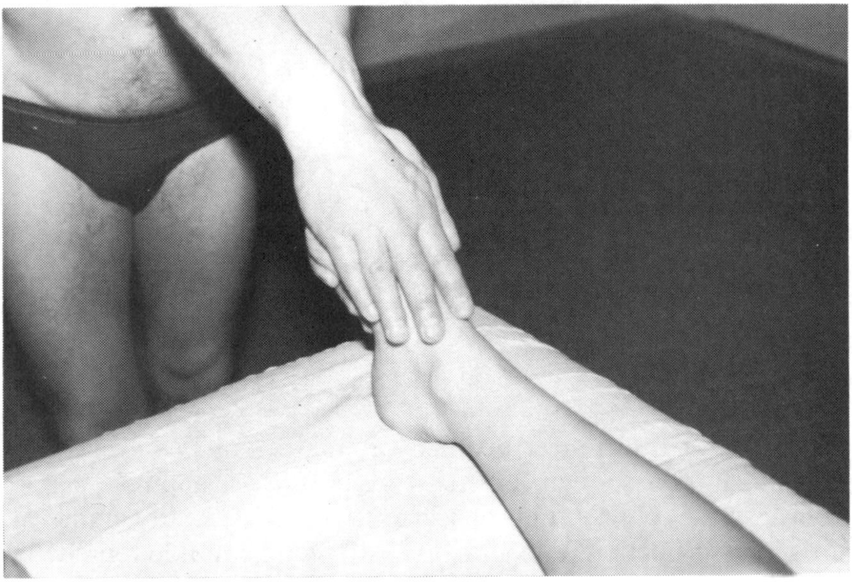

3. Le mouvement de harpe

Position du masseur

Le masseur est assis sur la table, au niveau du pied de la personne massée, et soutient sa jambe, d'abord sur son épaule intérieure. Ensuite, il la fera passer sur son épaule extérieure, pour enfin la ramener sur son épaule intérieure.

Mouvements utilisés

Le drainage et l'effleurage.

Description de la séquence

Première phase: la jambe de la personne massée est posée sur l'épaule interne du masseur. PHOTO 14.

Photo. 14

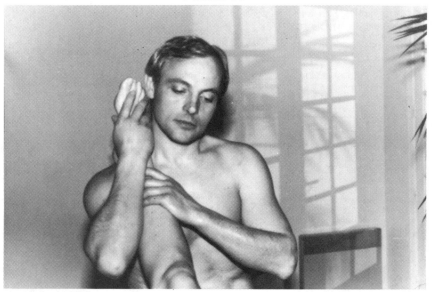

La main intérieure du masseur maintient la jambe à la hauteur du cou-de-pied. La main extérieure est appuyée sur le cou-de-pied. L'ensemble des doigts joints de cette main est dirigé vers l'intérieur et commence à descendre tout le long de la jambe avec une bonne pression. Celle-ci est exercée à l'intérieur de la jambe avec le plat des doigts et à l'extérieur avec la racine de la main, c'est-à-dire les éminences ténar et hypoténar.

La pression se relâche un peu au niveau de la rotule, puis continue sur la cuisse. PHOTO 15.

Lorsque la main arrive dans le creux de l'aine, elle décrit un mouvement tournant tout autour de la crête iliaque et qu'elle vient achever en s'immobilisant sur le côté de la fesse. La pointe des doigts marque bien la taille, au passage, en suivant le contour de la crête iliaque. La main se remet en mouvement,

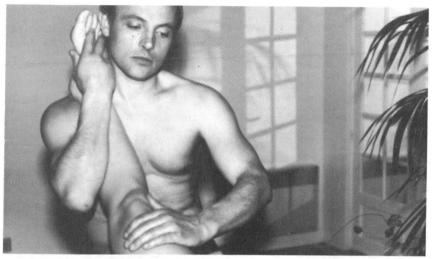

revient en arrière et continue ce mouvement tournant. Elle vient alors se placer de la façon suivante: le pouce, très écarté du reste des doigts, demeure sur la face externe de la cuisse; les quatre autres doigts viennent se placer très à l'intérieur, sur le sommet de la face interne de la cuisse. PHOTO 16.

Photo. 16

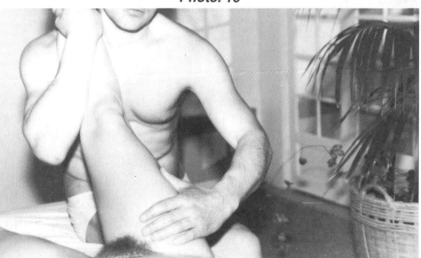

187

La main va descendre tout le long de la jambe, le pouce servant de guide, tandis que les quatre doigts décriront un mouvement où ils entreront l'un après l'autre en action, comme s'ils se promenaient sur les cordes d'une harpe: d'abord le petit doigt, ensuite l'annulaire, puis le majeur, enfin l'index, comme s'ils exécutaient un arpège; d'abord à l'intérieur de la cuisse, puis sur la face interne du mollet, et jusqu'à l'extrémité du pied. Ce mouvement est très léger. C'est un effleurage qui doit activer la stimulation. Il se fait très lentement. PHOTO 17.

Photo. 17

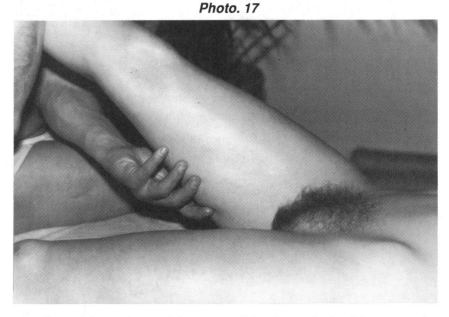

Quand la main extérieure a rejoint la main intérieure sur le cou-de-pied, le masseur saisit la jambe avec ses deux mains et la déplace lentement, pour la poser sur son épaule extérieure. PHOTO 18.

On peut marquer sa tendresse en donnant au passage de doux petits baisers sur le dessous des orteils.

Deuxième phase: cette phase se fait donc une fois la jambe passée de l'épaule interne à l'épaule externe. Le mouvement est

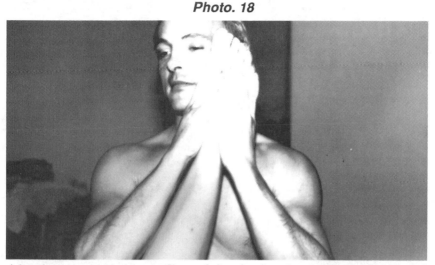

identique au précédent. Cette fois-ci, c'est la main extérieure qui maintient la jambe sur l'épaule, tandis que la main intérieure exécute le mouvement, les doigts dirigés vers l'extérieur. Le mouvement de drainage est identique au précédent, en ce qui a trait à l'intensité de la pression, avec le même allégement au niveau de la rotule. Arrivée à la base de la cuisse, la main revient se caler doucement dans le creux de l'aine. PHOTO 19.

Photo. 19

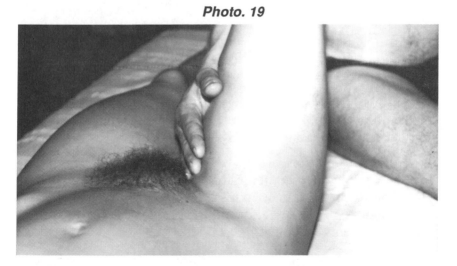

En suivant le pli de l'aine, elle descend vers l'intérieur de la cuisse, puis exécute un mouvement tournant, pour amorcer un solo de harpe identique au précédent. PHOTO 20.

Le pouce se tient toujours bien écarté du reste des doigts mais, cette fois-ci, il s'accroche à la partie interne de la cuisse pour guider le mouvement pendant toute la descente vers le pied, tandis que les quatre doigts placés sur la face externe exécutent avec légèreté leur arpège stimulant, comme dans la première phase. PHOTO 21.

Troisième phase: la jambe de la personne massée est replacée sur l'épaule interne. PHOTO 22.

Dans cette phase, ce sont maintenant les deux mains qui descendent pour effectuer le drainage. La main interne est placée sur le cou-de-pied. La main externe, avec ses doigts pointés vers l'intérieur, est placée au-dessus de la précédente, dont les doigts sont dirigés vers l'extérieur. PHOTO 22.

Photo. 21

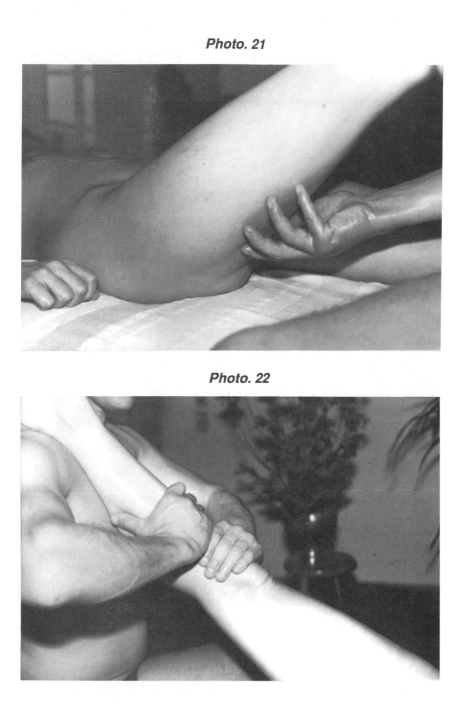

Photo. 22

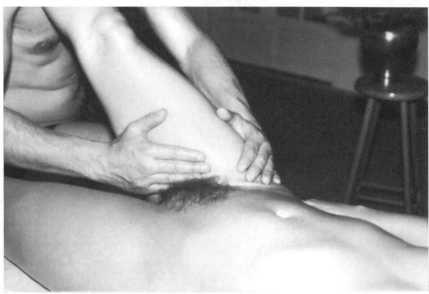

Les deux mains ont une forme semblable à celle de demi-anneaux. Elles exercent une vigoureuse pression de la pointe des doigts, de la paume et de la base de la main. Elles opèrent un mouvement identique à celui des phases précédentes, c'est-à-dire qu'elles descendent jusqu'en bas de la jambe avec, au passage, relâchement de la pression sur la rotule. Lorsqu'elles arrivent au creux de l'aine, elles se séparent, allant chacune dans sa direction: la main intérieure part du milieu de l'aine vers le bas de l'aine; la main extérieure va accomplir sa rotation autour de la taille en la marquant bien, avec la pointe des doigts, comme précédemment. PHOTO 23.

Les deux mains se retrouvent sous la cuisse. Chacune de son côté, elles y accomplissent alternativement le mouvement d'arpège décrit précédemment de façon très légère et stimulante. PHOTO 24.

Le mouvement se termine par un effleurage final de la jambe. PHOTO 25.

Photo. 24

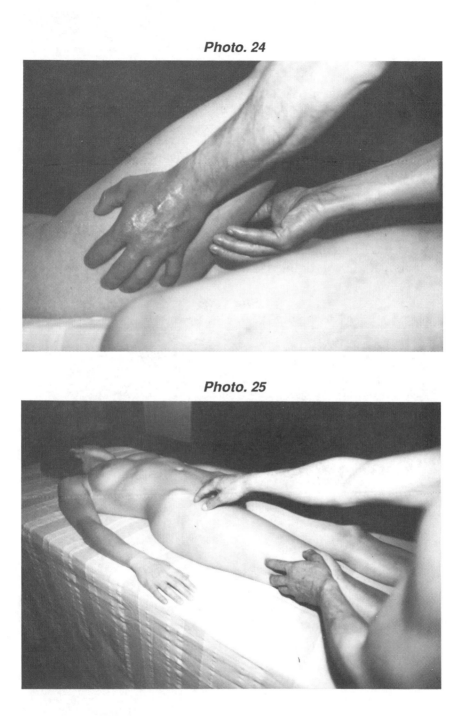

Photo. 25

4. Unification finale du côté

Position du masseur

Le masseur se place sur le côté de la table, au niveau du haut de la cuisse, en regardant les pieds de la personne massée. Les deux mains sont orientées vers les pieds.

Mouvements utilisés

Le drainage en glisse et l'effleurage.

Description de la séquence

Ce mouvement s'effectue les bras huilés, placés de chaque côté de la jambe, mains orientées vers la pointe des pieds et enveloppant le cou-de-pied. PHOTO 26.

Photo. 26

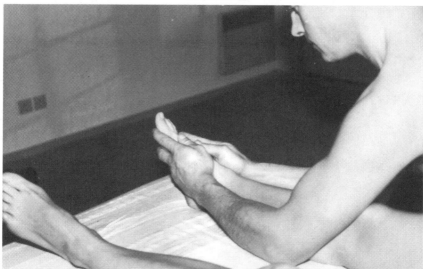

Le mouvement va d'abord parcourir l'ensemble de la jambe, en remontant. Les deux bras et les deux mains enserrent la jambe comme dans un étau, glissant sur celle-ci de façon enveloppantc, sc laissant guider par sa forme et reposant sur la table. PHOTO 27.

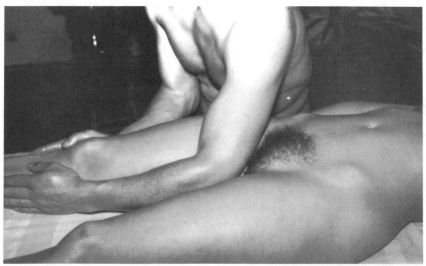

Lorsque le coude, qui est à l'intérieur des jambes, arrive à la hauteur de la fourche des cuisses, il gravit l'aine, en exerçant une légère pression, tandis que l'autre main et le bras enserrent, si possible, le côté extérieur de la fesse. PHOTOS 28 et 29.

Photo. 28

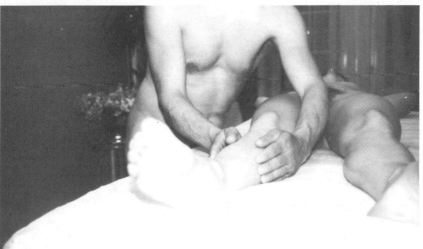

195

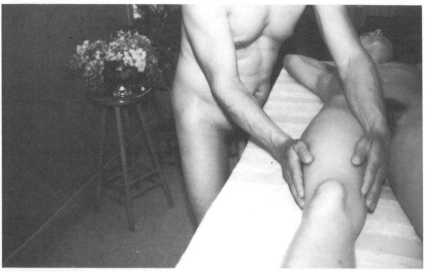

Quand les deux coudes se sont rejoints sur le sommet de la crête iliaque, après avoir, l'un, gravi l'aine, l'autre, le côté extérieur de la fesse, le corps exécute un mouvement tournant; les deux mains passent alors sur la face interne de la cuisse. PHOTO 30.

Photo. 30

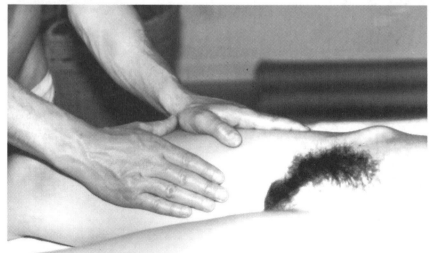

Elles remontent alors en douceur le pli de l'aine et se mettent en position parallèle, pour remonter sur tout le flanc, (PHOTO 31)

Photo. 31

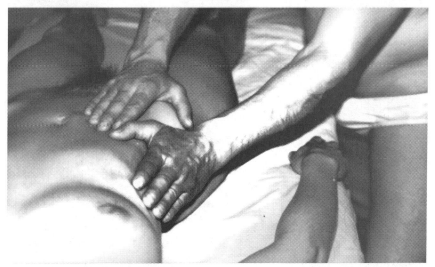

vers le sein (PHOTOS 32 et 33) et l'épaule, puis redescendre vers le bras (PHOTO 34) et la main (PHOTO 35). Puis les deux

Photo. 32

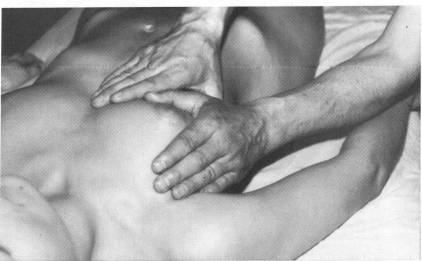

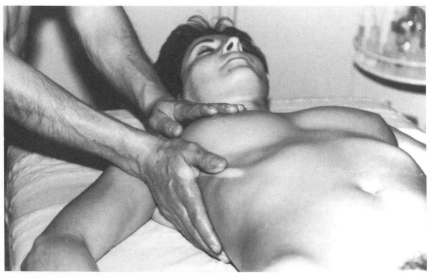

mains remontent jusqu'à l'épaule et, de là, descendent tout le long du corps, en exécutant de façon alternative, avec les cinq doigts très souples, des effleurages légers: d'abord sur le bras et

Photo. 34

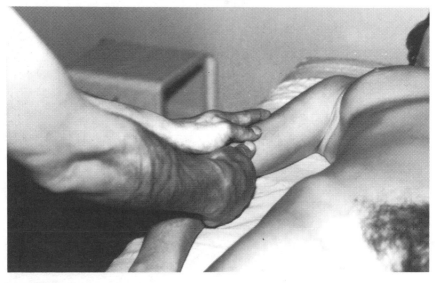

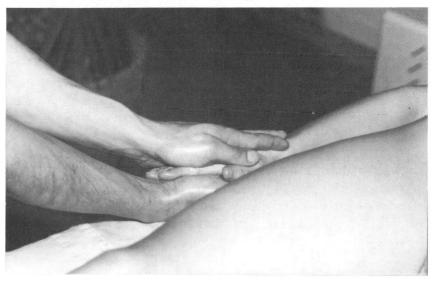

sur le flanc, ensuite sur toute la moitié du corps qui a été massée, et ce, jusqu'à la pointe des pieds. Le mouvement se termine par une polarité pieds-mains-pouces-gros orteils. PHOTO 36.

Photo. 36

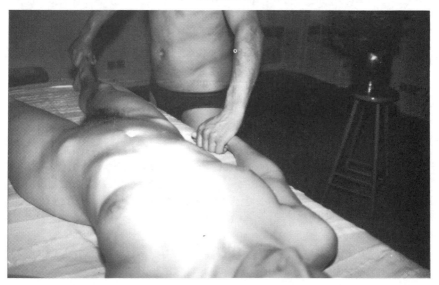

5. La glisse du bras, du flanc, du torse et de la jambe

Position du masseur

Au départ, le bras de la personne massée est étendu en arrière, formant avec sa tête un angle d'environ quarante-cinq degrés. Le masseur se tient juste derrière, dans l'axe d'une diagonale allant du bras à la main. Ses pieds sont côte à côte. Quand le mouvement évoluera vers le centre du corps ou vers l'extrémité, le masseur fera un grand pas en avant avec la jambe extérieure et se tournera vers le corps de la personne massée, à la hauteur de la taille environ, en effectuant un mouvement inverse à celui des aiguilles d'une montre. Puis son corps effectuera le balancement nécessaire pour qu'il atteigne les endroits à masser. (Les détails seront décrits au fur et à mesure.)

Mouvements utilisés

Le drainage et, pour terminer, l'effleurage.

Description de la séquence

Le masseur se tient donc à l'arrière de la personne massée. Le prolongement du bras se trouve à former un angle de quarante-cinq degrés avec l'axe du corps. Le corps du masseur est orienté vers les pieds. Son avant-bras intérieur soutient le bras de la personne massée et sa main maintient le bras à la hauteur de la moitié de l'avant-bras. La main de la personne massée est placée à peu près à la hauteur de la taille du masseur. La main extérieure du masseur, doigts serrés, est posée sur l'intérieur du bras de la personne massée. PHOTO 37.

Le mouvement commence. La main qui masse descend, les doigts en avant tout le long du bras. Arrivé à la boule de l'épaule, le bout des doigts s'incline vers l'aisselle (PHOTO 38), la main passe bien à plat dans l'aisselle. Le pouce s'écarte en V, dressé vers le haut, et se dirige vers la base de la clavicule, tandis que les autres doigts sont dirigés vers le bas formant une coupe qui passe délicatement sur le sein (PHOTO 39). Puis, la main glisse le long du flanc (PHOTO 40). Arrivée à la taille, la main remonte à partir de la table et fait un mouvement d'un

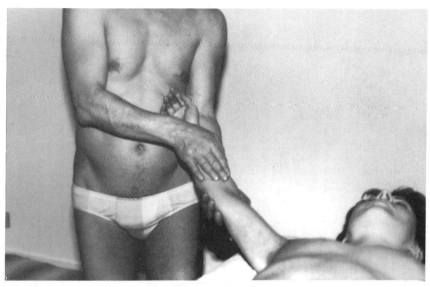

quart de cercle, pour amorcer son retour en arrière (PHOTO 41). Elle se met alors en position perpendiculaire par rapport à l'axe du corps, les doigts pointés vers le haut. Dans son mouvement

Photo. 38

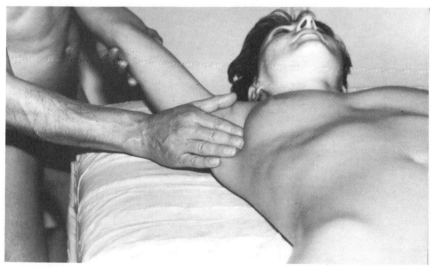

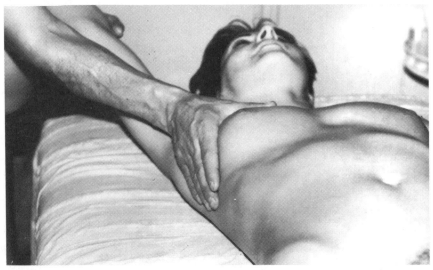

de retour, elle passe d'abord sur le bas de la poitrine, à la hauteur du diaphragme en appuyant bien avec la pointe des doigts dans le creux de la taille. Puis elle remonte le buste, (PHOTO 42),

Photo. 40

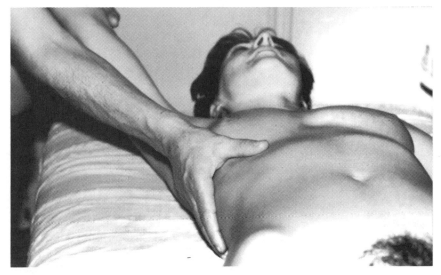

elle passe en douceur sur le sein, s'il s'agit d'une femme, ou carrément sur le sein s'il s'agit d'un homme. PHOTO 43.

Elle continue sur l'épaule, sur le bras et va jusqu'à la main, toujours de façon perpendiculaire au bras, mais les doigts refermés et en faisant une pression de drainage sur le bras tout en remontant. Ce mouvement est répété trois fois.

Photo. 41

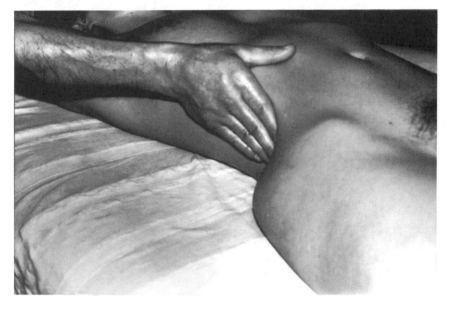

La quatrième fois, au lieu de s'arrêter à la hauteur de la taille, le mouvement se prolonge jusqu'sur le côté de la hanche et atteint la cuisse. Là, le pouce, toujours écarté, se tourne vers l'intérieur de la cuisse, tandis que les autres doigts se disposent en un V très ouvert et se placent sur le côté externe de la cuisse. PHOTO 44.

La main exécute alors, sur tout l'ensemble de la cuisse, un grand mouvement, ample, circulaire, appuyé, allant vers l'extérieur: ce mouvement commence en descendant l'aine, à partir du sommet de la crête iliaque, la main adhérant pleinement

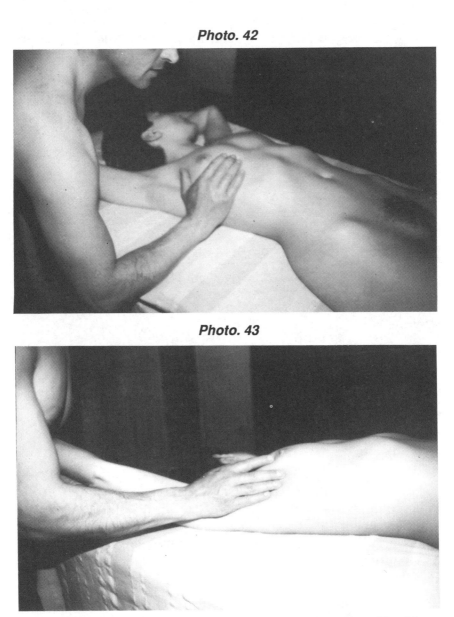

Photo. 43

à la cuisse. Dans son mouvement, elle descend sur tout l'intérieur de la cuisse et, rendue au-dessus de la rotule, elle tourne vers l'extérieur de la cuisse en remontant. PHOTOS 45 et 46.

Ce mouvement circulaire se fait en écartant les doigts en éventail, au maximum, pour que le contact soit le plus large possible. Pendant tout ce mouvement, la pression demeure forte.

Photo. 44

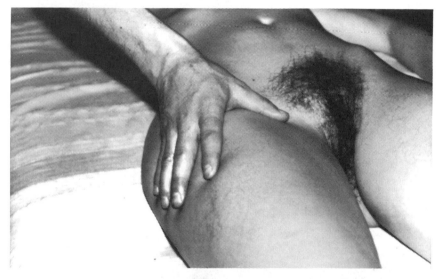

Photo. 45

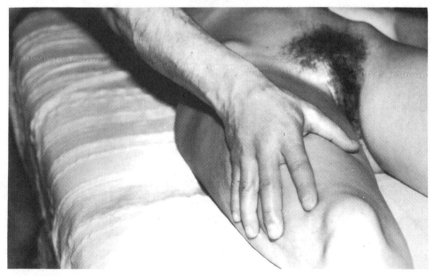

Elle est assurée par le balancement du corps du masseur, qui suit ce mouvement circulaire et imprime cette pression par la seule force de la gravité.

Après trois ou quatre cercles, exécutés lentement, le mouvement s'interrompt à peu près à la hauteur de la rotule, et la main revient en marche arrière; l'ensemble des doigts joints remonte toute la cuisse interne jusqu'au bas de l'aine (PHOTO 47). La main remonte l'aine, passe en douceur au-dessus de la crête iliaque. PHOTO 48.

Photo. 46

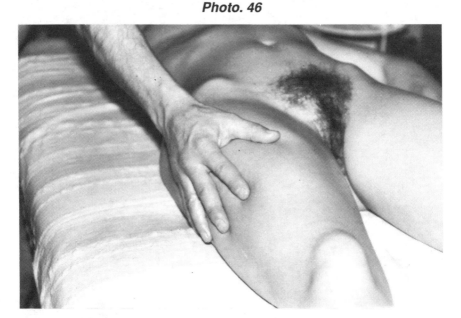

Elle descend sur la taille, jusqu'à la hauteur de la table. Arrivée là, le talon de la main posé sur la table, ayant fait de la sorte un mouvement de glisse arrière, elle s'arrête. PHOTO 49 Elle reprend un mouvement de glisse vers l'avant. Elle oriente ce mouvement vers le bas des côtes, puis, restant perpendiculaire à l'axe du corps, elle remonte la poitrine pour venir se placer à mi-hauteur de celle-ci, juste au-dessous des seins. Là, pivotant vers l'extérieur, la main exécute un cercle extérieur, les

206

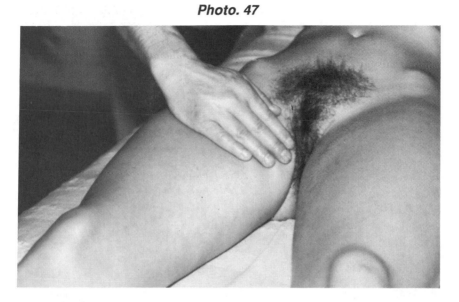

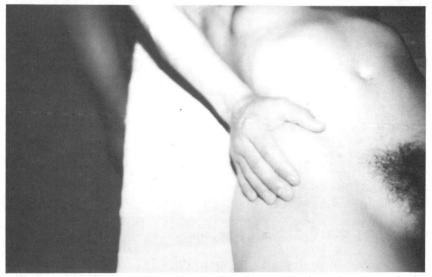

doigts toujours bien écartés et orientés vers le bas du corps de la personne massée.

La main exécute alors de grands cercles extérieurs, qui massent la totalité du bas de la poitrine et le bord du diaphragme: le mouvement part donc du centre de la poitrine, et s'oriente vers l'extérieur. PHOTO 50.

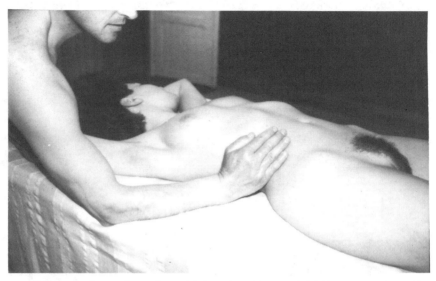

Lorsque la main a franchi les dernières côtes, le pouce appuie sur le bord du diaphragme en le longeant, pendant que la main se rapproche de la table. L'ensemble des doigts joints revient en marche arrière, achevant ainsi le cercle en massant le flanc. Il se repositionne sur le centre haut de la poitrine, puis redescend vers les dernières côtes, tourne vers la table, remonte, etc.

Ce mouvement vigoureux de massage du bas de la poitrine et du diaphragme s'exécute de cinq à six fois. Il s'interrompt lorsque, après avoir descendu du centre de la poitrine vers la taille, la main arrête son mouvement; elle pivote alors sur elle-même en faisant un demi-cercle intérieur.

La main se trouve à ce moment dans la position suivante: le talon de la main est posé sur la table, les doigts dirigés vers le haut, de façon perpendiculaire à l'axe du corps. PHOTO 49.

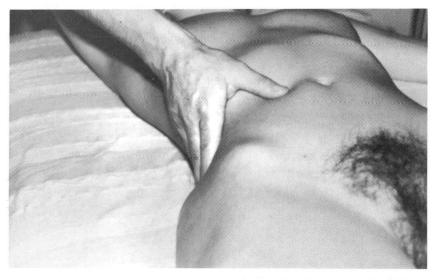

Alors, on reprend un mouvement semblable à celui du début: la main remonte sur tout le flanc et sur la poitrine, passe sur le côté du sein pour la femme (PHOTOS 42 et 43) et carrément sur

Photo. 51

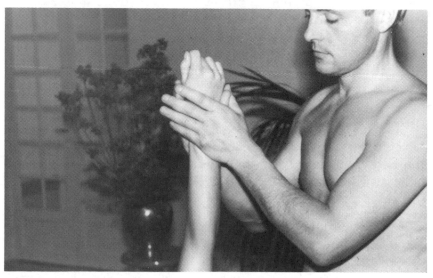

le sein pour l'homme. Elle passe la boule de l'épaule et remonte le bras, en faisant un drainage avec les doigts qui enveloppent le bras, comme au début.

Arrivée à la hauteur du poignet, la main qui soutient et la main qui masse prennent le bras de la personne massée, à la hauteur du poignet. PHOTO 51.

Elles le rabattent le long du corps, lentement, vers l'avant. La main extérieure qui soutient reste sous la main de la personne massée, tandis que la main intérieure qui masse remonte tout le long du bras, dans un drainage en V. PHOTO 52.

Lorsqu'elle arrive sur la boule de l'épaule, elle redescend le bras. Les deux mains reprennent alors le bras (PHOTO 53) et le remettent lentement dans sa position arrière de départ. Puis elles le laissent reposer sur la table, sans le soutenir.

Le corps du masseur se positionne ensuite à la hauteur de la taille de la personne massée. Commencent alors des effleurages qui partent de l'aisselle de la personne massée: la main intérieure remonte le bras, la main extérieure descend sur le flanc. PHOTO 54.

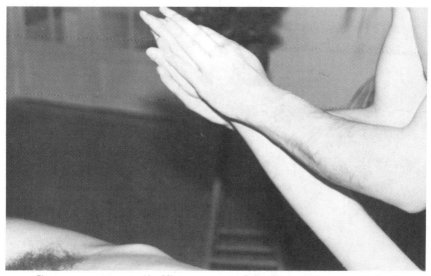

Ce mouvement d'effleurage se fait alternativement: le bras, le flanc. PHOTO 55. Il est très léger. Le corps du masseur danse pendant cet effleurage.

Photo. 54

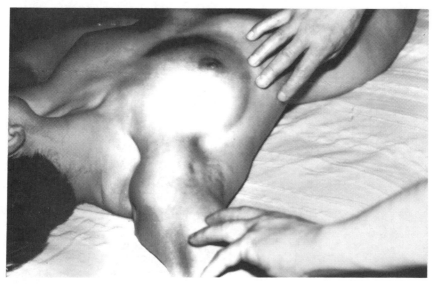

Photo. 55

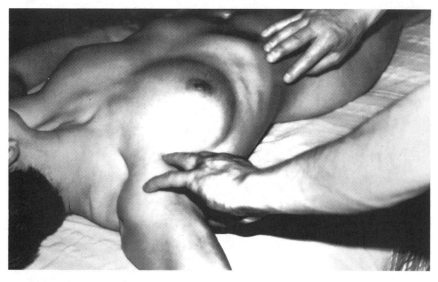

Après cinq ou six effleurages alternatifs, on enchaîne avec un effleurage simultané qui part de l'aisselle. PHOTO 56. Puis il

Photo. 56

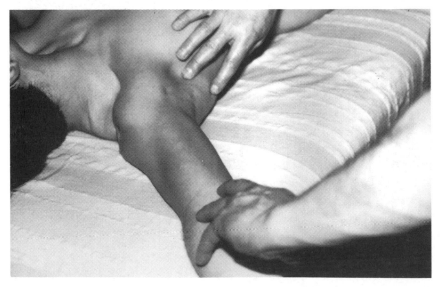

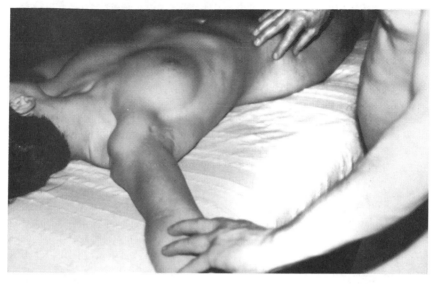

va, pour la main intérieure, jusque sur le dessus du poignet et, pour la main extérieure, jusqu'à la crête iliaque. PHOTO 57.

Photo. 58

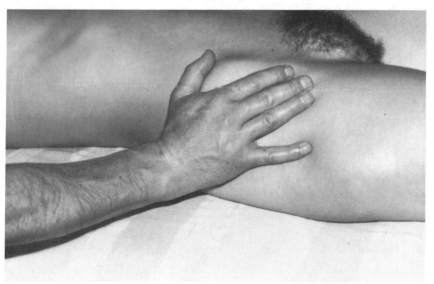

213

Une fois à la hauteur de la crête iliaque, la main extérieure pivote dans l'autre sens pour s'orienter vers les pieds. PHOTO 58. Elle s'applique bien à plat sur la cuisse, le pouce vers la face interne, les autres doigts vers la face externe, et elle descend en imprimant un fort drainage. PHOTO 59.

Photo. 59

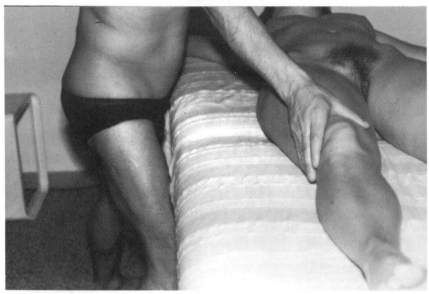

Elle chevauche ensuite la rotule en diminuant sa pression, descend la jambe jusqu'au cou-de-pied, où elle se redresse pour ne garder le contact qu'avec le bout des doigts en effleurage sur le cou-de-pied, jusqu'à l'extrémité des orteils. PHOTO 60.

Vient ensuite un mouvement d'effleurage en balancement, simultané, comme celui décrit précédemment. Cette fois, la main intérieure part de l'aisselle vers l'arrière et fait son effleurage jusqu'à la saignée du coude, pendant que la main extérieure part en remontant du cou-de-pied jusqu'à la rotule, avec un effleurage léger. PHOTO 61. Une fois arrivées au bout de leur course, les mains inversent leur mouvement, c'est-à-dire que la main intérieure part de la saignée du coude pour aller vers

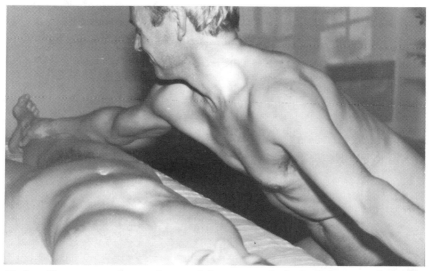

l'aisselle, et que la main extérieure va de la rotule vers le cou-de-pied. PHOTO 62.

Photo. 61

215

Ces mouvements se font toujours en laissant traîner la main. Il faut donc que ce soit fait une fois avec le bout pulpeux des doigts, une autre fois avec la face externe des doigts, côté ongles.

Photo. 62

Après quelques balancements, les mains se stabilisent, au niveau de l'aisselle pour la main intérieure, et de la plante des pieds pour la main extérieure. PHOTO 63. Elles exécutent alors des mouvements circulaires, la main extérieure sur la voûte plantaire, la main intérieure dans l'aisselle. Ces effleurages circulaires s'exécutent dans le même sens: en cercles intérieurs sur la voûte plantaire, en cercles extérieurs sur l'aisselle.

Après avoir fait quelques effleurages, la main extérieure vient se positionner au bout du cou-de-pied, sur les orteils, effaçant par un lissage cette stimulation de la voûte plantaire. Puis, par une glissade arrière, elle remonte sur toute la jambe, jusqu'à la hauteur de la rotule, pendant que la main intérieure remonte, elle, par un drainage, à l'intérieur du bras jusqu'à la hauteur de la saignée du coude.

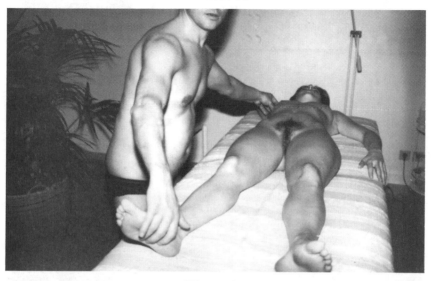

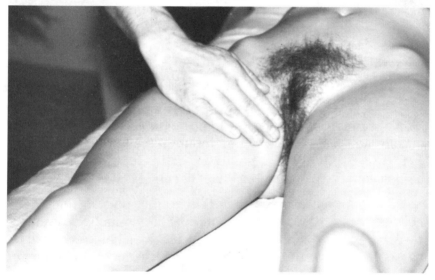

Une fois la main extérieure rendue à la hauteur de la rotule, elle pivote sur elle-même et se place de façon perpendiculaire, à l'intérieur de la cuisse interne.

Elle va remonter ainsi la cuisse interne jusqu'à la hauteur de l'aine. PHOTO 64. À ce moment-là, elle se positionne pour effectuer un glissement arrière partant du bas de l'aine jusqu'à la

Photo. 65

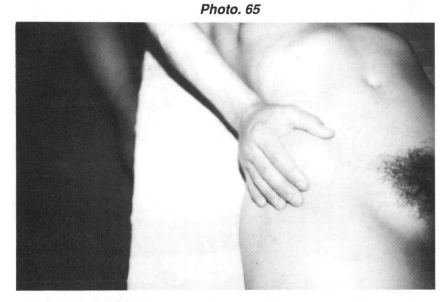

crête iliaque, qu'elle chevauche avec le pouce en V venant se positionner, comme de façon précédente, au niveau de la table, après avoir traversé la taille. PHOTO 65.

Pendant ce temps, l'autre main remonte jusqu'au poignet, qu'elle soutient. Comme mentionné précédemment, la main extérieure change de position. Elle se place de façon perpendiculaire par rapport à l'axe du corps. PHOTO 66.

Elle remonte d'abord la dernière côte, puis le flanc et la poitrine, passe sur le côté du sein pour la femme (et carrément sur le sein pour l'homme), vient chevaucher la boule de l'épaule, passe dans l'aisselle, avec l'éminence thénar et hypothénar. PHOTO 67.

Elle remonte tout le bras en drainage vigoureux jusqu'au poignet. PHOTO 68.

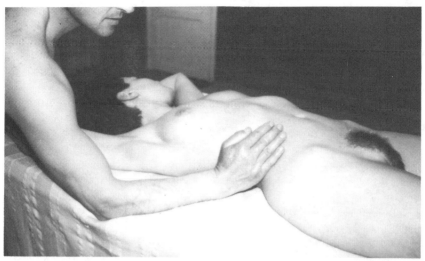

Là, en empoignant délicatement le poignet, les deux mains relèvent le bras. PHOTO 69.

Elles viennent le poser à l'avant, sur le côté de la table, tandis que la main extérieure maintient le bras en recouvrant

Photo. 67

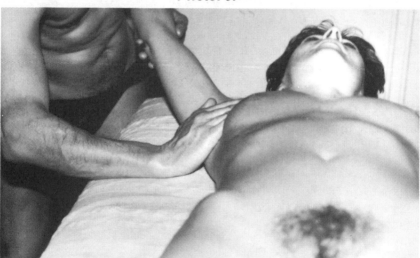

légèrement le dos de la main de la personne massée. La main intérieure remonte le bras dans un lissage arrière, jusqu'à la hauteur de la boule de l'épaule.

Puis elle inverse son mouvement et s'oriente vers le haut en prenant la forme d'un V, c'est-à-dire le pouce écarté du reste des

Photo. 68

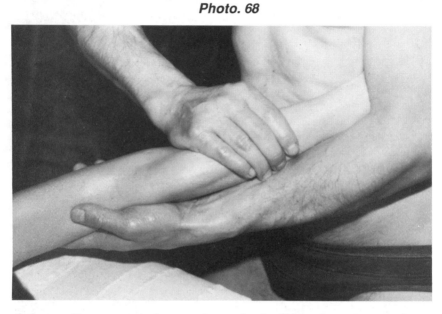

doigts, elle remonte le cou à partir de l'épaule, pour venir se placer en coupe sur le côté du visage. PHOTO 70.

Le tout va se terminer par un grand effleurage. PHOTO 71. Doigts écartés et mouvements alternatifs des mains, commençant par la boule de l'épaule et stimulant le bras, le flanc. PHOTO 72.

Puis il couvre l'ensemble de la jambe jusqu'au pied. PHOTO 73.

On termine par une polarité pied-main. PHOTO 74.

Photo. 69

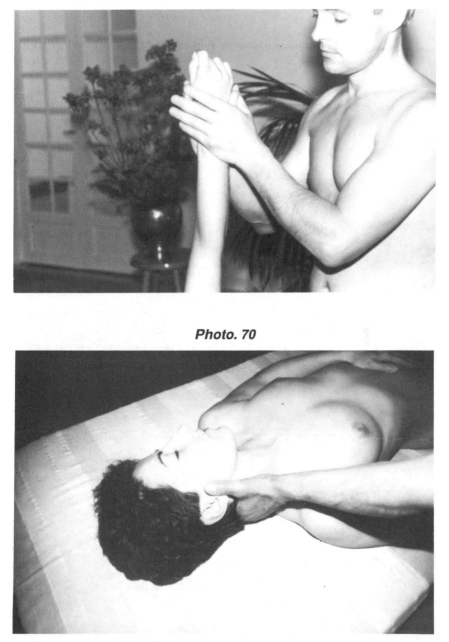

Photo. 70

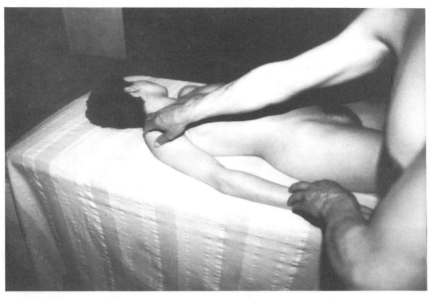

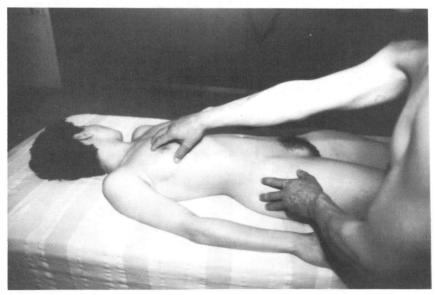

Photo. 73

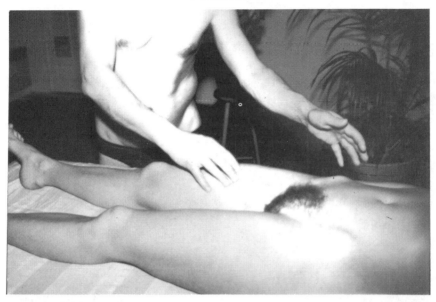

Photo. 74

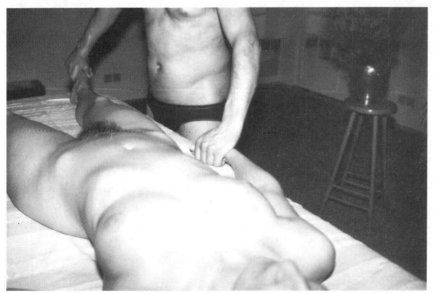

223

PARTIE II: L'ARRIÈRE DU CORPS

1. Stimulation de l'arrière du corps

L'arrière est essentiellement stimulé. Les mains, comme des pinceaux, agissent simultanément, faisant, à deux endroits en même temps, des cercles orientés dans la même direction, c'est-à-dire de la gauche vers la droite. PHOTO 75.

Photo. 75

Le principe est de stimuler les zones sensibles, de façon créative, en ayant toujours une main posée sur le corps. Ainsi, une même zone est toujours stimulée au moins deux fois successivement. Il s'agit de laisser aller son imagination, mais on peut suivre l'ordre indiqué ci-après en repérant, sur le croquis du corps vu de dos (voir page 225), et grâce à la numérotation, les zones stimulées. Pour l'ordre à suivre, reportez-vous à la grille des séquences sur le tableau qui accompagne le croquis.

NUMÉROTATION DES ZONES STIMULÉES

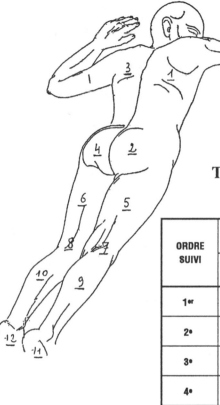

Tableau de l'ordre suivi pour les stimulations

ORDRE SUIVI	ZONE STIMULÉE PAR LA...		ORDRE SUIVI	ZONE STIMULÉE PAR LA...	
	MAIN GAUCHE	MAIN DROITE		MAIN GAUCHE	MAIN DROITE
1er	1	2	12e	2	7
2e	1	4	13e	2	8
3e	3	4	14e	4	8
4e	3	1	15e	4	7
5e	1	5	16e	4	9
6e	1	6	17e	4	10
7e	3	5	18e	2	10
8e	3	6	19e	2	9
9e	4	6	20e	2	11
10e	2	6	21e	2	12
11e	2	5	22e	4	12

225

Position du masseur

Le masseur se place sur le côté de la personne massée, à la hauteur de la taille ou de la crête iliaque. Les premiers mouvements commenceront sur la partie la plus éloignée du masseur, c'est-à-dire l'autre moitié du corps.

Mouvements utilisés

Des stimulations et des effleurages en cercle.

Description de la séquence

Il est préférable de se reporter au croquis pour l'ordre des stimulations. Avant chaque changement de position, on exécute au minimum trois cercles.

2. Unification finale du dos

Position du masseur

Le masseur se place sur le côté de la table, au niveau du haut de la cuisse, les deux mains orientées vers les pieds.

Mouvements utilisés

Le drainage en glisse et l'effleurage.

Description de la séquence

Comme pour l'avant du corps, on exécute un mouvement en enveloppant avec les deux bras la jambe de la personne massée. Les deux mains sont orientées vers le bout de la jambe, de chaque côté du cou-de-pied. Les quatre doigts sont posés sur les côtés, et le pouce, sur la voûte plantaire.

Quand les mains ont franchi le talon, les doigts se joignent. Les bras sont appliqués de chaque côté de la jambe et lorsque le glissement s'effectue, l'épaule va cheminer jusqu'au sommet de la cuisse, puis de la fesse.

Lorsque les mains seront arrivées sur le sommet des fesses, elles pivoteront sur elles-mêmes. Le corps du masseur, dirigé vers les pieds, se tournera alors vers la tête, et le mouvement glissant des deux mains sur le flanc continuera en remontant jusqu'à la boule de l'épaule, pour redescendre le bras jusqu'aux mains. La pression exercée est vigoureuse.

Une fois arrivées aux mains de la personne massée, les mains du masseur remonteront les bras jusqu'à la boule de l'épaule et exécuteront un grand effleurage sur tout le côté du corps, du cou jusqu'au pied, après avoir fait l'effleurage sur le bras. Sur le dos, ce mouvement est symétrique et semblable à celui effectué sur le devant, illustré par les photos 26 à 32.

Faire la même chose sur l'autre moitié du corps.

À la fin du massage, il est important de partager ce moment de tendresse. PHOTO 76.

Photo. 76

CONCLUSION

Ce livre nous a fait cheminer sur la carte du tendre... Nous avons vu qu'il y avait des préalables importants. Tenir compte du partenaire, de sa proximité, nous rapprochera de lui pour favoriser l'épanouissement de la tendresse dans le couple. Être en accord sur un minimum de valeurs de base rendra la communication possible... En bref, il faut avoir chacun une culture personnelle, certes, mais il faut qu'une partie de cette culture soit commune, partagée avec l'autre.

Il est également nécessaire d'avoir parcouru un cheminement personnel qui concourt à l'élaboration d'une personnalité autonome. La matrice de nos relations profondes avec autrui est tout entière contenue dans ces séquences initiales de notre vie qui déterminent notre rapport avec notre mère. Cette formation primitive du «lien», avec ses jalons et ses passages obligés, se revit, en écho, dans toute culture, sociale ou personnelle, particulièrement dans la culture occidentale, dans le rapport homme-femme. Cette formation du lien doit donc aussi, comme une initiation, se vivre dans le couple... Rien n'est donné par avance, et modèles culturels et éducationnels sont plus souvent des résilles qui nous empêtrent dans des attachements contraignants que des supports qui nous guident vers des relations libres et enrichissantes.

Quitter le repliement sur soi ou la symbiose avec l'autre pour marquer sa juste différence, sans rejet, n'est pas chose si simple. Faire l'apprentissage de la liberté sans devenir un libertin est périlleux. Cela ne se fait pas avec la tête froide, mais sous la pression de la chaude fermentation des sentiments, des émotions, de l'affectivité.

Aboutir à cette constance émotionnelle qui, malgré les difficultés rencontrées en chemin, nous aide à ne pas perdre le cap, est l'objectif à atteindre. Comment y parvenir? Un chapitre entier de ce livre a été consacré aux moyens d'élaguer certains obstacles, mais le vrai fil d'Ariane, d'une étape à l'autre de ce cheminement, c'est la tendresse.

Cette tendresse se construit, se protège. Outre les moyens évoqués, ce qui la nourrit est aussi la volonté de la rendre concrète. Nous sommes corps-esprit. Le livre intitulé *Le corps et la caresse* montre l'importance du contact corporel pour un développement équilibré de la personnalité.

La relation dans le couple, pour conserver sa réalité, doit aussi mobiliser le corps. De même que la tendresse se structure dans l'âme par une ascèse au quotidien, elle s'enracine dans notre être total, corps-esprit, par l'usage de la caresse physique. Le massage communication-tendresse peut être la caresse structurante qui consolide une saine relation dans le couple. Les indications techniques fournies dans le présent ouvrage sont la base de son utilisation adéquate, mais encore faut-il les animer d'un «souffle»... d'une chaleur relationnelle qui rende ce massage interactif, communiquant, nourrissant.

Néanmoins, même si l'amour du couple paraît sans nuage ou si, après la «mer des tempêtes», il semble avoir retrouvé des eaux calmes et sereines, ou encore si la vie à deux est paisible et sans conflits graves, certains indices peuvent vous alerter. En particulier, lorsque le soir, ou dans les tête-à-tête, la magie du désir n'est plus au rendez-vous... Bref, lorsque la routine s'est installée. Alors, souvent l'ennui est proche.

Certes, il peut y avoir des causes diverses à ces «pannes» de désir, des raisons physiologiques, des ennuis psychologiques ou professionnels: un accouchement récent, une infection urinaire, un dérèglement hormonal, un enfant malade, la fatigue, le chômage, des difficultés d'argent... Mais bien plus fréquemment, le désir s'estompe lentement, au fil du temps qui s'écoule et des habitudes qui ronronnent...

Ou l'on s'invente des excuses: «On se connaît trop bien, on n'a plus rien à découvrir de l'autre...»

«Contrairement à une idée reçue, estime Ulla Bandelow, dans une interview accordée au magazine *Avantage*[1], ce n'est pas parce qu'on connaît trop son partenaire qu'on ne le désire plus, mais au contraire par manque de connaissance.» Il s'agit bien ici d'une connaissance «vraie», profonde, empathique.

Lorsqu'on a le courage d'aller en thérapie de couple, c'est à cette communication que nous invitent la majorité des médecins ou thérapeutes. La plupart du temps avec des méthodes uniquement verbales, sous forme d'échanges ou, parfois, avec des méthodes qui marient entretiens et exercices de prise de conscience du corps.

Lorsque, dans une confidence à son gynécologue, une femme avoue que l'amour n'est pas à son meilleur avec son époux, elle ajoute presque toujours, si on le lui demande, qu'elle n'en a pas parlé avec celui-ci.

---

1. Les différentes citations de ce chapitre sont tirées de cette interview, parue dans le magazine *Avantage* de décembre 1990, et intitulée «Quand le désir est en panne».

231

Elle n'aime pas son style de caresses; lui n'aime pas la façon dont elle lui fait l'amour. Mais ils ne s'en disent rien, comme si l'autre devait deviner ce que le partenaire aime. «S'il m'aimait, il devinerait...» La communication serait-elle donc forcément télépathique? Il vaut certes mieux refuser les rapports bâclés et dénudés de désir, mais il faut en discuter ensemble paisiblement... et lorsque ce dialogue est difficile ou impossible, il faut aller consulter, seul ou à deux, son médecin de famille ou un thérapeute.

C'est rarement l'homme qui fait le premier pas, mais il peut y être entraîné par sa femme.

Ces «pannes» de désir ne proviennent pas toujours d'un comportement décevant de l'un ou de l'autre. Hors les conflits, il peut être normal que s'installent des périodes de désir atténué et même d'abstention totale. Cependant, il ne faudrait pas les laisser s'installer trop longuement.

Il faut aussi se garder de se laisser impressionner par les normes de performances édictées dans les années 70 ou 80, ou par certains sexologues... Les seules normes valables sont le consentement mutuel et le bonheur qu'on ressent.

Autre mise en garde, suffisante pour rétablir l'équilibre: sortir de temps à autre en amoureux avec son partenaire, de façon volontariste, ne pas se focaliser sur les enfants, se dégager du stress des obligations quotidiennes...

* * *

Même avec un thérapeute, il n'est pas facile de parler de cette tendresse concrète qu'est la sexualité commune, ni de ses modalités animées par les pulsions personnelles de l'un et de l'autre. C'est la raison pour laquelle Ulla Bandelow commence ses thérapies par des séances apparemment anodines. À l'aide de méthodes de relaxation, elle amène l'homme et la femme à se détendre, dans une sorte de rêve éveillé. Elle leur demande alors

232

d'imaginer, comme dans une pièce de théâtre, leur vie avant la naissance, puis leur naissance, leur enfance, leur adolescence, puis leur éveil à la sexualité.

«De cette façon indirecte, explique-t-elle, on découvre l'image que chacun a de son père et de sa mère, image très importante pour la vie relationnelle et sexuelle future. L'évocation de l'adolescence et des premiers émois peut mettre en lumière certains blocages ou certains fantasmes que le partenaire ignore.

»Je les laisse parler et je n'interviens que si l'un a une question à poser à l'autre ou si une évocation soulève une réaction violente: émotion, colère, peur, etc., mentionne-t-elle.

»À la séance suivante, on évoque de la même façon l'homme idéal pour la femme, la femme idéale pour l'homme. Je leur fais raconter leur première rencontre, et ils s'aperçoivent qu'ils n'en ont pas du tout le même souvenir!»

On voit que le but de ces monologues croisés sont, en fait, une communication qui permet de faire dévouvrir à chacun «qui est» l'autre... Et cela sans agressivité, sans culpabilisation, sans dramatiser.

Le problème important est de découvrir que l'autre est différent de soi, et différent également de l'image idéale qu'on avait dc lui.

Un des plus grands quiproquos est que, souvent, on confonde l'amour, son existence, sa réalité et son authenticité avec l'état amoureux, l'émotion frémissante qui nous saisit, à certains moments...

Un couple n'existe pas que dans le frémissement, il s'enracine dans la responsabilité... On devient un couple, on le construit.

«On devient un couple en sortant de la relation exclusivement duelle du début, pour prendre en compte à la fois la personnalité de l'homme, celle de la femme, l'unité du couple et

233

les éléments extérieurs: enfants, travail, loisirs, etc.» Ainsi s'exprime Paule Riva, synthétisant le contenu de certains de nos chapitres. Elle poursuit: «Le deuil d'une relation qui semblait idéale provoque une crise qui peut même être vécue comme une rejet. Accepter que son mari n'aime pas les mêmes choses que soi, que sa femme ait des idées différentes des siennes peut être une véritable blessure narcissique, d'autant que l'idée communément admise veut que le couple idéal soit celui dont les deux partenaires ont les mêmes goûts, font tout ensemble, ne se quittent jamais. La complémentarité, pourtant naturelle, est mal acceptée!»

Rappelons-nous nos réflexions sur la symbiose!

En matière de sexualité et d'expression de la tendresse, du langage de celle-ci (et, forcément, de son décodage), cette complémentarité peut aboutir à une réelle incompréhension. «J'aime les caresses qui effleurent tout le corps. Pour moi, ce sont les bonnes caresses. Alors, bien sûr, ce sont celles que je fais à mon mari qui, lui, n'est pas sensible à ces touchers légers et préfère des *strokes* plus directement sexuels. En fin de compte, je peux me vexer parce que mes caresses ne paraissent guère l'émouvoir, malgré toutes mes bonnes intentions... Et je risque par ailleurs de penser qu'il n'est qu'un goujat s'il se précipite sur ma bouche, sur mes seins, sur mon sexe et sur mes zones présumément érogènes, depuis que Freud a fonctionnalisé certaines parties du corps.»

Cette non-rencontre n'aide pas, en définitive, si on ne l'élucide pas, à renouveler la tentative d'aller l'un vers l'autre en communion concrète, corps-esprit, et amène, petit à petit, à verrouiller ses désirs.

Ulla Bandelow enchaîne ainsi: «C'est cette découverte et ce respect des désirs de l'autre que le couple explore au cours de la phase corporelle de certaines thérapies. Les séances de relaxation permettent de se détendre. Des techniques de massage apprennent à l'homme comme à la femme à redécouvrir le corps en dehors de tout acte sexuel. L'acte, ils le connaissent, mais bien peu savent que leur corps est sensible à des attouchements très divers, que la sensualité est une richesse quasi inépuisable. Les hommes découvrent cela avec surprise et ravissement.»

Les couples sont ensuite invités à mettre en pratique leurs découvertes chez eux ou, si cela paraît difficile, au cours des séances de thérapie. Chez eux, de préférence, pour éviter gêne et ambiguïté, et pour que l'amour redevienne ce qu'il devrait toujours être, «un jeu intime entre deux personnes, loin de l'idée du devoir conjugal ou de la technique.» Laisser parler et jouer les Enfants en chacun de nous, comme dit l'analyse transactionelle. Frédérique Hedon affirme: «Un couple qui s'amuse en faisant l'amour peut durer toute une vie sans s'ennuyer, ni éprouver l'envie d'aller voir ailleurs.»

Nous avons vu que les difficultés étaient inévitables. Elles font partie de la vie. Il en est de même pour l'ennui... Il fait partie de toutes nos occupations qui, à certains moments, sont exaltantes mais avec des passages à vide et de la monotonie. Alors, se demande Paule Riva: «Pourquoi pas l'ennui dans le couple? Dans tous les domaines de la vie, on admet que la répétitivité crée la routine et l'ennui, et ce devrait être différent dans le couple? Le couple devrait être toujours le refuge idéal contre la grisaille quotidienne. C'est peut-être trop lui demander.»

Ne pas avoir cette forme de philosophie conduit aux déceptions que l'idéalisation entraîne. L'ennui sexuel amène un malaise dans la vie concrète. L'homme et la femme estiment que chaque jour ressemble à un autre jour, qu'il n'y a plus d'inattendu et de fantaisie dans l'existence...»

Où retrouver du piquant? Ailleurs, bien sûr... Mais on va transporter ailleurs ses illusions, une fois passé le mirage du renouveau.

Outre ce réalisme de la découverte de l'autre, tel qu'il est en lui-même, à partir du nouveau regard désembrumé de ses illusions et de ses projections que nous lui portons désormais, la thérapie propose aussi un «contrat» à chacun des partenaires:

savoir prendre du temps pour son couple. Ce peut être de s'octroyer une soirée par semaine en tête-à-tête, sans les enfants, ni les inévitables amis. Ce peut être de s'organiser des surprises: un dîner impromptu au restaurant, des vacances ou un week-end insolite à deux, un cadeau offert sans qu'il y ait d'occasion spéciale, une sortie au cinéma, une nuit à l'hôtel pour se permettre toutes les audaces, etc.

On trouve, pour ce genre de choses, le temps et l'argent qu'on veut... Plus jeunes, moins à l'aise financièrement, on l'aurait fait... surtout lorsqu'on voulait se séduire.

Il faut continuer à se séduire... Cela ne devrait avoir de cesse la vie durant. Est-ce que cela ne paraît pas ridicule lorsqu'il y a eu des passages à vide, des heurts? C'est une fausse appréciation que de penser cela. Après des années de vie commune, au contraire, les petites attentions, l'imprévu au quotidien vont droit au cœur... Ils sortent tellement de l'ordinaire qu'on les apprécie encore plus.

«Les kilos en trop, les cheveux trop rares, les ridules ou les rides ne sont pas si importants, dit Ulla Bandelow. Tout comme on ne voit pas grandir ses enfants, on ne voit pas vieillir son ou sa partenaire.» Le passé commun change le regard qu'on porte sur l'autre et peut l'enrichir de tous les bonheurs d'autrefois... Cela vaut le risque de tous les recommencements: si on ne se sent guère prêt à les entreprendre seul, voyons qui peut nous aider à le faire.

Et pour cela, la thérapie de groupe est un bon complément; elle élargit encore notre horizon. Elle nous montre que ce qui nous arrive n'est pas unique. L'entraide des uns et des autres peut fortifier notre détermination, si elle est fragile, et encourager à renouveler la tendresse sous-jacente et préexistante à ces recommencements... «Tu ne me chercherais pas si tu ne m'avais déjà trouvée.»

OÙ APPRENDRE À RÉGÉNÉRER SA TENDRESSE?

Ces stimulations entre partenaires pour stabiliser l'énergie supposent une confiance réciproque et une volonté commune de sortir de la difficulté momentanée ou de l'impasse dans laquelle on se retrouve. Ce ne sont pas les techniques qui sont difficiles. C'est l'âme du couple qu'il faut d'abord retrouver, consolider; c'est le subtrat de la relation duelle qu'il faut cultiver. Or, ce liant de l'un à l'autre ne vit et n'existe que par et dans la tendresse réciproque. La tendresse, pour ne pas être évanescente, verbeuse et sans réalité, doit, elle aussi, se nourrir de supports. Ce peuvent être les caresses que chacun sait imaginer et produire. Ce peuvent être les caresses plus codifiées que sont les techniques de massage... particulièrement celles d'un massage imprégné de cette recherche et d'un esprit identique à celui du *massage de caresse*, tel que nous l'avons exposé dans notre livre *Le Corps et la caresse*.

Il ne faut donc pas se restreindre aux seules techniques exposées dans le livre. Il existe également pour revigorer la relation du couple ou aller à la chasse aux obstacles, des stages très efficaces, tels que ceux que Ulla Bandelow et moi-même animons depuis des années et qui peuvent efficacement servir de complément ou de contrepoint.

Vous trouverez ci-après, à titre d'exemple, quelques thèmes d'ateliers s'adressant le plus spécifiquement à des couples. Même si on ne peut y participer[1], les thèmes abordés peuvent nourrir la réflexion et guider une recherche personnelle, tout en apportant un complément aux techniques présentées dans cet ouvrage.

Nous souhaitons grande vitalité à votre relation réciproque.

---

1. Vous pouvez obtenir de l'information sur ces ateliers et ces stages en vous adressant à: Voie nouvelle en développement personnel - Clairefontaine, 231, rue Paul Doumer, 78510 Triel sur Seine, France. Tél.: 16.1.39.70.60.39 Télec.: 16.1.39.70.87.51

L'I.F.E.P.P. organise aussi des stages. S'adresser au 140 bis, rue de Rennes, 75006, Paris.

Nota: Depuis une quinzaine d'années déjà, Ulla Bandelow et Raoul Bécart ont entrepris de soutenir le développement, en France, de techniques et de voies nouvelles, en psychologie, pour favoriser l'épanouissement personnel.

C'est ainsi que de grands noms américains, thérapeutes renommés du potentiel humain sont passés par leur centre. Cela dans les techniques les plus diverses: analyse transactionnelle bio-énergétique, gestalt, groff, trantra, chakras, etc.

Dans cette perspective l'organisme V.N.D.P.(Voies nouvelles en développement personnel) a, depuis quinze ans, commandité Margaret Elke qui a mis au point avec Mel Risman à San Francisco des techniques de massage appelées depuis Sensitive Gestalt Massage (SGM). Margaret se retrouve chaque année dans notre centre pour y parfaire la formation professionnelle en S.G.M.

Naturellement, Ulla Bandelow et Raoul Bécart[1], qui ont été parmi les premiers à bénéficier de cette formation professionnelle, sont diplômés depuis de longues années. Ils assistent Margaret dans son travail de formation professionnelle. Ulla a d'ailleurs été la première à être habilitée en Europe pour former professionnellement à tous les niveaux.

Le souhait d'Ulla et de Raoul, car ils croient à cet outil «thérapeutique», est que le plus de monde possible suive cette formation de façon professionnelle, sans se contenter d'une simple initiation, même pour un usage personnel. C'est pourquoi ils s'appliquent, depuis des années, à faire connaître Margaret Elke dans diverses publications: *Parents, Vogue, V.S.D, journaux traitant d'esthétique,* etc. C'est aussi la raison pour laquelle ils

---

1. Raout Bécart est le fondateur et le premier président de l'Association Internationale du S.G.M. Ulla Bandelow, qui développe cette approche en Europe et plus particulièrement en France a entre autres collaboré avec le docteur Charles Gellman, président de la Société française de sexologie clinique, au cours de formation des médecins sexologues.

Outre cette formation très «spécialisée», vous trouverez ci-après quelques thèmes d'ateliers s'adressant plus spécifiquement aux couples.

sont heureux que beaucoup de leurs élèves diffusent partout le S.G.M.. et que, de proche en proche, cet art se développe pour le bien-être de tous. Depuis plusieurs années, ils sont présents au Salon des médecines douces, à Marjolaine, à l'étranger également... Cet art est d'ailleurs soutenu par une technique élaborée et sérieuse, dont l'enseignement, bien structuré, sur plusieurs niveaux, s'adresse tout autant à Monsieur ou à Madame Tout-le-Monde, qu'aux professionnels de la santé: médecins, psychanalystes, psychothérapeutes, kinésithérapeute, soignants en gériatrie, paramédicaux de toutes spécialités. Cet art du bien-être constitue un appoint professionnel précieux dans le cadre d'une approche holistique de la santé.

1. Stage de massage pour couples[1]

Il n'est qu'un temple dans l'univers, dit le
dévot de Novalis, c'est le corps humain.
Rien n'est plus sacré que cet objet sain.
Nous touchons le ciel quand nous posons la
main sur le corps humain.

Thomas Carlyle

— Les analystes transactionnels pensent que nous tenons de l'enfance cinq messages inhibiteurs par lesquels nous nous refusons aux caresses:

- *«Ne demande pas de caresses.»*

- *«Ne donne pas de caresses.»*

- *«N'accepte pas de caresses.»*

- *«Ne refuse pas de caresses qui ne te conviennent pas.»*

- *«Ne te donne pas de caresses à toi-même.»*

Ceci, tant au plan physique qu'au plan moral.

À la faveur des tensions normales de la vie relationnelle, tensions nécessaires à la croissance du couple, et des maladresses inévitables, ces messages renforcent leur pouvoir et alimentent tous les «jeux» qui détournent de l'intimité.

Tel qu'il est conçu, ce stage est un antidote, une approche psychosomatique volontariste qui se propose d'attaquer radicalement à leur racine les hiatus de la communication et de retrouver le fil d'Ariane qui permet de passer d'une étape à une autre: la tendresse.

— En fait, toute notre relation avec le monde se fait par l'intermédiaire d'un organe des sens multiforme, le toucher, dont certaines fonctions sont spécifiques: le photon touche

---

1. Partenaires installés dans une relation de durée.

l'oeil, l'onde vibratoire touche l'oreille interne, la particule olfactive touche les parois nasales, les éléments sapides touchent les papilles gustatives, les objets dangereux, chauds et froids, touchent des corpuscules spécialisés dans la peau. Il y a un décodage qui nous informe.

De la même façon, lorsque les autres nous touchent, le décodage nous informe sur notre relation à l'autre et sur la qualité de cette relation. La «notion» d'une autre personne est ce qui différencie l'agrément des sensations érotiques des autres plaisirs, comme ceux de manger, boire, se chauffer au soleil, etc. Tous les états de bien-être relèvent de la sensualité. L'érotisme n'en est qu'une des modalités. Il est sensualité, l'expression physique de la vie relationnelle.

— Ce stage sur la relation dans le couple, par la médiatisation du corps, requiert certes un peu de bonne volonté afin de maîtriser différentes techniques, mais il est surtout l'occasion d'une communication privilégiée avec notre partenaire, par l'intermédiaire d'un toucher particulier, d'un massage-message spécifique.

Vous saurez ainsi mieux découvrir la géographie sensuelle de notre partenaire, tracer sa «carte érotique», et, par là même, celle du tendre.

Dès lors vous apparaîtra une autre dimension de votre vie amoureuse. Vous apprendrez le pouvoir des mains, vous goûterez le plaisir intense qui peut naître des caresses et vous percevrez ce message de tendresse qu'elles apportent. Vous ressentirez dans tout votre corps la diffusion de l'érotisme et vous échapperez à une focalisation insatisfaisante, purement génitale.

En résumé

- Il s'agit d'un massage complet (détente, relaxation);

- Les caresses et les mouvements touchent tout le corps;

- Les zones érogènes sont traitées de façon spécifique;

- La propulsion de l'énergie sexuelle crée une érotisation de tout le corps;

- Les zones génitales ne sont abordées comme telles qu'en guise de prélude à la «fusion amoureuse», et non pour provoquer l'orgasme (qui, lui, relève strictement de l'intimité et du libre arbitre de chacun);

- L'émergence de la tendresse est expressément suscitée.

But du stage

— Provoquer une relation amoureuse plus riche, plus satisfaisante, en induisant le corps tout entier à participer à l'échange amoureux, à être un tremplin pour la tendresse.

— Développer cette relation particulière de tendresse-connivence avec le partenaire.

— Mettre en œuvre une dynamique engageant des personnes qui cherchent **ensemble** à rendre, plus intense et plus gratifiante, non seulement leur vie sexuelle, mais aussi leur vie relationnelle.

— Partager le plaisir comme fondement de toute expérience duelle ou sociale: «Il permet la découverte de soi-même et des autres... il est le moteur du changement.» (Max Pages in *Le travail amoureux*)

> *Le massage est un art subtil.*
> *Il ne s'agit pas simplement d'adresse,*
> *il s'agit plutôt d'amour.*

Bhagwan Shree Rajneesh

2. La strokethérapie, des «caresses-tendresse» pour la vie

Que d'astuces ne trouvons-nous pas pour refuser les *strokes* nécessaires à l'élaboration, à l'achèvement, à l'épanouissement de notre personnalité!

Faire un bilan

Les méconnaissances passées des «auteurs de nos jours» et de notre culture du non-contact (physique ou corporel) sont bien intégrées dans notre Parent, qui les a reprises à son compte: d'où les zones ignorées ou mortes du schéma corporel, les états non OK, le sentiment de morcellement et les tendances dissociatives ou schizoïdes. De Henri Wallon à Ronald Laing, ces ratés de l'ancrage corps-esprit ont fourni toute une littérature.

Remédier

Il faut agir concrètement en dépistant et en déjouant ces messages inhibiteurs par lesquels nous nous refusons aux caresses: «Ne demande pas de caresses», «Ne donne pas de caresses», «N'accepte pas de caresses», «Ne refuse pas de caresses qui ne te conviennent pas». «Ne te donne pas de caresses à toi-même». Il faut accepter de se plonger dans le «bain de caresses» nécessaire à la reconnaissance de soi, à l'éclosion de la tendresse et à la mise «en intimité», par le relation communication, à l'état OK, à l'épanouissement sexuel.

Moyens

Approche corporelle et verbale.

3. Vivre en couple aujourd'hui

Couple fermé ou couple ouvert?

Rencontre brève ou compagnonnage installé dans la durée?

Vivre ensemble ou vivre à part, de façon indépendante?

Vivre en couple hier, demain, et surtout aujourd'hui... Cela a-t-il encore un sens? Lequel?

Buts de l'atelier

Il s'adresse à tous ceux qui se sentent concernés par leur relation de couple, qu'elle soit harmonieuse ou fragile, ou encore en crise ou antagoniste.

On participe à ce stage en couple, quelle que soit la forme que prenne celui-ci: durable ou aléatoire, hétéro ou homosexuel.

Cet atelier vise à:

- Rendre claires les relations instaurées au sein du couple;
- Mieux intégrer les différences et les ressemblances;
- Enrichir la vie à deux;
- Régénérer la tendresse et la communication physique;
- Élaborer une séparation «réussie» ou bien assumée, si c'est la seule voie possible.

Moyens

Une approche gestaltiste globalisante, utilisant les dimensions sensorielles, affectives, intellectuelles, sociales, culturelles et spirituelles de la vie de couple, et ce, grâce à un ensemble de techniques tant verbales que non verbales.

Achevé d'imprimer
en mars 1993 sur les presses
des Ateliers Graphiques Marc Veilleux Inc.
Cap-Saint-Ignace, Qué.